52 x Zum Nachdenken oder auch nicht

Für Alle,

die neugierig sind, Gott und Sein Wort

besser verstehen wollen und

es in ihrem Leben anwenden wollen.

Cornelia Spagl

52 x Zum Nachdenken
oder
auch nicht

Andachtsbuch

Bruns-Bibel mit freundlicher Genehmigung des Brunnen Verlages Gießen
NeÜ-bibel.heute
©Karl Heinz Vanhaiden (kh-vanhaiden.de)
BasisBibel. Das Neue Testament und die Psalmen, (c) 2012 Deutsche Bibelgesellschaft, Stuttgart.   www.basisbibel.de
Bibeltext der Schlachter
Copyright©2000 Genfer Bibelgesellschaft
Wiedergegeben mit freundlicher Genehmigung. Alle Rechte vorbehalten
Bibeltext der Neuen Genfer Übersetzung – Neues Testament und Psalmen
Copyright©2011 Genfer Bibelgesellschaft
Wiedergegeben mit freundlicher Genehmigung. Alle Rechte vorbehalten
Elberfelder Übersetzung von 1905
Bibelstellen, die der **Übersetzung Hoffnung für alle®** entnommen sind, Copyright © 1983,1996, 2002 by Biblica, Inc.®.
Verwendet mit freundlicher Genehmigung des Herausgebers Fontis – Brunnen Basel.

Umschlaggestaltung: Stefanie Betz

© 2015 Cornelia Spagl

Herstellung und Verlag: BoD – Books on Demand, Norderstedt

ISBN: **978-3-7386-2119-8**

Inhaltsverzeichnis

Vorwort 7

1. Hörende Ohren und sehende Augen - keine Selbstverständlichkeit 9
2. Glaube ist anders 10
3. Wo ist nun Gottes Reich 12
4. Herrlicher Glaube?! 14
5. Wie ein Dieb in der Nacht 16
6. "Gottvertrauen" 18
7. Harte Schale — Weicher Kern 20
8. "Senfkornglaube" 22
9. Daniel, der Liebling Gottes 24
10. Schon mal im Lotto gewonnen? 26
11. Unerfahren oder ein Träumer? 28
12. Wer ist Gott für dich? 30
13. Ärgern oder nicht — das ist hier die Frage 32
14. Gott ist für uns da 34
15. Erledigt ist erledigt — oder? 36
16. Mut zur Umkehr 38
17. Vertrauen — ein kostbares Gut 40
18. Gott erhört unsere Gebete auf Seine Weise und zu Seiner Zeit 42
19. Aufrichtigkeit, ein Charakterzug, der Gott gefällt 44
20. Lückenbüßer oder „Erste Wahl" 46
21. "Hört auf IHN!" 48
22. Dürres Tal und Ort der Quellen — wie passt das? 50
23. JESUS loves you, Connie 52
24. Der Weg zum Sieg 54

25.	Verkehrte Welt	56
26.	Jesus saves — Jesus rettet	58
27.	Das Leben geht weiter	60
28.	Gott rüstet aus	62
29.	Erst Denken — dann Sprechen	64
30.	Auserwählt und Geliebt	66
31.	Verschwendung oder eine Tat der Liebe?	68
32.	Gott spricht manchmal laut — oft aber leise	70
33.	Furcht oder Ehrfurcht, das ist hier die Frage	72
34.	Sie und wir	74
35.	Licht und Heil in dunkler Zeit	76
36.	Kinder des Lichts	78
37.	Verwechslungsgefahr oder was hat Bestand?	80
38.	Treue, ein unterschätzter Wert	82
39.	Gute Vorsätze oder echte Entscheidungen?	84
40.	Fürchte Dich nicht — gilt das auch mir?	86
41.	Leichter gesagt als getan	88
42.	Jesus kennt seine „Pappenheimer"	90
43.	Das Kamel und seine Last	92
44.	Glaube ist nicht Wissen — Stimmt das?	94
45.	Krippe, Kreuz und Auferstehung	96
46.	Weisheit — brauchen wir das heute noch?	98
47.	Vorbilder — gibt es sie heute noch?	100
48.	Schwach sein erlaubt!	102
49.	Gottes Methode gegen die Furcht	104
50.	Liebe, die…	106
51.	Wir sind anders — oder nicht?	108
52.	"Dank statt Geschwätz"	110
Liste der Bibelstellen		112
Ein Wort zum Schluss		115

Vorwort

„Der Mensch lebt nicht vom Brot allein, sondern von jedem Wort, das aus dem Munde Gottes hervorgeht." Dieses Zitat, das uns sowohl durch Mose im Alten Testament als auch durch Jesus Christus im Neuen Testament überliefert ist, fasst nach meiner Erfahrung die innerste Überzeugung von Cornelia Spagl am prägnantesten zusammen.

Uns Menschen gemeinsam sind die Sehnsucht und die Suche nach erfülltem und sinnvollem Leben. Leben kann nur aus Leben entstehen. Weiter als bis zu dieser Erkenntnis ist auch die Wissenschaft bei der Erforschung nach Entstehung des Lebens nichtgekommen. Und so brauchen wir die Begegnung mit dem, der das Leben wesensmäßig in sich trägt. In Psalm 69,33 heißt es: *„Die Gott suchen, denen wird das Herz aufleben."* Die Bibel spricht davon, dass Gott sich von uns finden lassen will, wenn wir ihn von Herzen suchen. Wir alle haben eine Berufung zum Leben in der Gemeinschaft mit Gott. Den Weg dahin sollte jeder Mensch kennen lernen. Jesus Christus als Sohn Gottes ist der Schlüssel dazu. Der Glaube an ihn ist Geschenk und Geheimnis zugleich. Dieser Glaube braucht das Wissen um das Wort Gottes und er braucht das Zeugnis derer, die in dieser Erfahrung des Glaubens leben.

Cornelia Spagl ist für mich so eine Frau, die in einer selten klaren und verständlichen Art vom Wort Gottes als Brot des Lebens spricht, nicht nur in Worten, sondern auch durch ihre Lebensgestaltung. Sie konnte durch ihre Erfahrung im Missionsdienst in Afrika und durch die verantwortliche Mitarbeit in verschiedenen christlichen Werken einen reichen Erfahrungsschatz sammeln und

Menschen in unterschiedlichen Kulturen kennen lernen. Diese Erfahrung und ihre Beharrlichkeit in der unentwegten persönlichen Weiterentwicklung machen sie heute zu einer geschätzten Seelsorgerin und Ratgeberin.
Wir beide sind uns vor 35 Jahren zum ersten Male begegnet. Damals wurde sie mir bei meiner Suche und bei meinem Ringen nach einem tragfähigen Glauben zu einer Art Geburtshelferin. Dafür werde ich ihr immer dankbar sein. Was ich zu dieser Zeit schon begriffen hatte, war, dass sie im Dienste einer Botschaft stand und mir nicht ihre eigenen Ideen vermittelte, sondern mich zur Begegnung mit Gott selber einlud. Bei dieser Klarheit ist sie bis heute geblieben. Seit längerem lese ich ihre wöchentlichen Andachten und stelle immer wieder fest, dass sie ihren Lesern durch ihre Deutung einer Bibelstelle nicht das eigene Denken abnehmen will, sondern im Gegenteil zur persönlichen Beschäftigung mit dem Wort Gottes herausfordert.

Deshalb freue ich mich sehr, dass ihre Andachten und Predigten nun einem größeren Leserkreis zugänglich werden. Ich wünsche diesem Buch, dass Menschen dadurch den Weg zu einem erfüllten Leben mit Gott kennen lernen.

Elisabeth Kapsreiter
Ehemalige 1. Vorsitzende im Frauenwerk
Bund evangelisch-freikirchlicher Gemeinden

1. Hörende Ohren und sehende Augen - keine Selbstverständlichkeit

Sprüche 20 Vers 12
„Ein hörendes Ohr und ein sehendes Auge, die hat beide der HERR gemacht."
Schlachterübersetzung

Ist es nicht selbstverständlich, dass Ohren zum Hören da sind und Augen zum Sehen?
Was möchte wohl der Schreiber mit dieser „Selbstverständlichkeit" ausdrücken?
Hören und Sehen scheint nicht immer einfach, auch wenn körperlich alles mit uns in Ordnung ist.
Manchmal sehen wir nur, was wir sehen wollen und hören auch nur, was wir hören wollen.
Manchmal verschließen wir lieber die Augen vor dem, was offensichtlich ist und stellen unsere Ohren auf „Durchzug".
Manchmal haben wir eine rosarote Brille auf, manchmal ist sie aber auch grau.
Unsere eigenen Gedanken, Gefühle und Vorstellungen können uns am echten Hin-sehen und Hin-hören hindern.
Gott ist der, der uns geschaffen hat, er hat unsere Augen und Ohren gemacht. So kann er uns helfen, offene Augen und Ohren zu haben für das was um uns herum vor sich geht, und Er kann uns helfen die Dinge richtig einzuschätzen.
Er kann uns helfen, das was wir sehen, aus Seiner Perspektive zu sehen.

Zum Nachdenken oder auch nicht:
Wo brauchst Du Gottes Perspektive für die diese Woche oder vielleicht für dein Leben?

2. Glaube ist anders

Hebräer 11 Vers 1
„Es ist aber der Glaube ein Beharren auf dem, was man hofft, eine Überzeugung von Tatsachen, die man nicht sieht."
Schlachter Übersetzung

Dieser Vers wird gerne zitiert, wenn es darum geht zu erklären, was Glaube ist. Er steht am Anfang eines langen Kapitels über Menschen, die aus Glauben gehandelt haben.
Der Satz selbst gibt uns eigentlich nur die theoretische Grundlage für all die Beispiele, die dann aufgeführt werden. Diese Beispiele handeln von Menschen, die weniger über ihren Glauben gesprochen haben (ich denke auch das gehört dazu) als dass sie ihren Glauben gelebt haben.
Hans Bruns schreibt in seinen Erklärungen zu diesem Kapitel immer wieder den Satz:
„Glauben heißt...", dann kommen sehr verschiedene Aussagen darüber, was Glauben für diesen jeweiligen Menschen geheißen hat.
Glaube ist eben für jeden von uns anders.
Für den einen heißt es hinaus in die weite Welt gehen und dort Menschen helfen. Für den andern heißt es an dem Ort bleiben, an den Gott ihn oder sie gestellt hat und vielleicht Dinge tun, die manchmal mühsam sind und oft von andern nicht gesehen werden.
Wir wünschen uns oft klare Definitionen, klare Aussagen wie Glaube zu sein hat.
Doch genauso ist Glaube nicht, wir können „Glauben" nicht in ein Schema pressen, das immer für jeden von uns gleich ist.
Denn Glaube ist für jeden von uns ein bisschen anders.

Gott hat jeden Menschen einzigartig gemacht, und jeder von uns ist mit anderen Herausforderungen im Leben konfrontiert. Das bedeutet, dass der Glaube in seiner Auswirkung für jeden von uns anders ist.

Nicht in dem, was wir sagen zeigt sich unser Glaube, sondern wie wir ihn leben. Jakobus sagt in seinem Brief, wie sollen andere unseren Glauben erkennen, wenn er sich nicht im Handeln zeigt.

Zum Nachdenken oder nicht:
Was heißt Glauben für Dich?

3. Wo ist nun Gottes Reich

Lukas 17 Vers 20 + 21
„Und als er von den Pharisäern gefragt wurde: Wann kommt das Reich Gottes? Antwortete er ihnen und sprach: Das Reich Gottes kommt nicht so, dass man es beobachten könnte; noch wird man sagen: Siehe hier! oder: Siehe dort! Denn siehe, das Reich Gottes ist mitten unter euch."
Elberfelder Übersetzung

Einige Pharisäer fragten Jesus, wann das Reich Gottes komme. Er antwortete: "Das Reich Gottes kommt nicht so, dass man es an äußeren Zeichen erkennen kann. Man wird auch nicht sagen können: 'Seht, hier ist es!', oder: 'Seht einmal, dort!' Nein, das Reich Gottes ist schon jetzt mitten unter euch."
NeÜ-bibel.heute

Jesus antwortet hier auf eine Frage, die die Pharisäer ihm gestellt haben.
Die Pharisäer wollten etwas „sehen". Ihr Verständnis vom Reich Gottes war ein sichtbares Königreich, in dem nicht mehr die Römer regierten, sondern ... wer? Vielleicht sie als kleine Unterkönige eines großen Königs.
Geht es uns nicht auch manchmal so, wir wollen etwas sehen von diesem Reich Gottes in dieser Welt? Wann also kommt das Reich Gottes, wann können wir es sehen oder erleben?
Die Antwort damals war, „es ist schon jetzt mitten unter euch".
Ich glaube diese Antwort gilt für uns heute genauso, das Reich Gottes ist mitten unter uns. In welcher Form ist es mitten unter uns – in der Person Jesu Christi.

Im Reich Gottes geht es nicht darum wer politisch das Sagen hat, sondern wer in unserem Leben das Sagen hat. Das wiederum hat Auswirkungen auf alle unsere Lebensbereiche oder... sollte es haben. Auch wenn das Reich Gottes für unsere physischen Augen nicht sichtbar ist, glaube ich, kann es in unserem Leben und durch unser Leben sichtbar werden.
Das zumindest wünsche ich mir für mein Leben.
Durch CHRISTUS ist das Reich Gottes auch unter uns heute, denn er lebt in denen und durch die, die sich zu IHM bekennen.
Er sagt in *Matthäus 28 Vers 20:*
„Und seid gewiss: Ich bin jeden Tag bei euch, bis zum Ende der Zeit."

Zum Nachdenken oder auch nicht:
Wartest Du noch auf das Reich Gottes oder lebst Du darin?

4. Herrlicher Glaube?!

2.Petrus 1 Vers 1
„Simon Petrus, Knecht und Apostel Jesu Christi, schreibt an alle, die mit uns zusammen den gleichen herrlichen Glauben empfangen haben durch die Gerechtigkeit unseres Gottes und unseres Heilands Jesu Christi."
Bruns Übersetzung

„Simon Petrus, ein Sklave und Apostel von Jesus Christus grüßt alle, die den Gleichen wertvollen Glauben empfangen haben wie wir. Das ist der Glaube, der uns durch die Gerechtigkeit unseres Gottes und Retters Jesus Christus geschenkt wurde."
NeÜ-bibel.heute

Hans Bruns benutzt in seiner Übersetzung einen Ausdruck, den wir im Allgemeinen nicht mit Glauben verbinden. Er benutzt das Wort „herrlich".
Wer von uns würde für seinen Glauben das Wort „herrlich" oder auch „wunderbar" benutzen?
Vielleicht rettender Glaube, hilfreicher Glaube, aber herrlicher Glaube? Herrlich sind andere Dinge in unserem Leben.
Wenn wir etwas ganz besonders Schönes erleben oder das Wetter so ist, wie es uns gefällt, dann ist das herrlich und wir freuen uns darüber, oder?
Wir gebrauchen das Wort „herrlich" in Verbindung mit Freude oder vielleicht auch Staunen.
Können wir uns über unseren Glauben freuen oder ist der Glaube eher etwas langweiliges, etwas was nicht besonders interessant ist, woran wir vielleicht aus Gewohnheit festhalten?

Für mich ist der Glaube an JESUS CHRISTUS und das, was ER für mich getan hat, tatsächlich etwas ganz Besonderes, etwas über das ich mich freuen kann, etwas was mein Leben reich gemacht hat und immer noch reich macht.
Warum?
Weil Er meine Schuld auf sich genommen hat, darf ich frei von dieser Schuld sein. Ich bin angenommen und geliebt, darauf darf ich vertrauen!
Ja, das ist ein herrlicher Glaube für mich!

Zum Nachdenken oder nicht:
Wie ist Dein Glaube für Dich?

5. Wie ein Dieb in der Nacht

Lukas 12:40
„So solltet auch ihr immer bereit sein, denn der Menschensohn wird dann kommen, wenn ihr es gerade nicht erwartet."
NeÜ-bibel.heute

2.Petrus 3:10
„Der Tag des Herrn wird aber so unerwartet kommen wie ein Dieb."
NeÜ-bibel.heute

Beide Stellen befassen sich mit der Wiederkunft JESU auf dieser Erde.
Ich weiß nicht, ob Du Dich gerne mit diesem Thema befasst, mir fällt es schwer, da ich mir die Wiederkunft Jesu nicht so recht vorstellen kann.
Doch Jesus selbst spricht in den Evangelien immer wieder darüber, und auch in den Briefen des Neuen Testamentes wird die Wiederkunft Jesu immer wieder erwähnt.
Lukas erwähnt im Vers vor dem oben genannten einen Dieb, der in der Nacht kommt, so wie Petrus hier. Worauf wollen uns die Beiden hinweisen?
Diebe melden sich nicht an, sondern kommen überraschend.
Menschen kommen nach Hause und stellen fest, dass Diebe in ihrem Haus waren. Für die meisten Menschen ist das eine sehr erschreckende Erfahrung.
Und genau solch eine „erschreckende" Erfahrung nimmt Jesus hier als Beispiel für seine Wiederkunft. Er will seine Jünger darauf vorbereiten, dass auch Sein Wieder-

kommen in einer überraschenden, vielleicht auch erschreckenden Art und Weise von statten gehen wird.
Doch inzwischen sind 2000 Jahre vergangen und die Erwartungshaltung, die die Jünger damals hatten, ist für uns heute nicht unbedingt einfach nach zu vollziehen.
Wie können Du und ich in einer Erwartungshaltung leben, dass JESUS Christus jeden Augenblick wieder kommen kann und gleichzeitig im Hier und Heute leben?
Martin Luther hat einmal gesagt: *„Wenn ich wüsste, dass die Welt morgen untergeht, würde ich dennoch heute einen Apfelbaum pflanzen."*
Vielleicht indem wir uns von dem Bewusstsein, dass JESUS wiederkommt, nicht in unserm Handeln für heute hindern lassen, sondern es als unsere Motivation für unser heutiges Handeln sehen.

Zum Nachdenken oder auch nicht:
Was bedeutet dieses „bereit sein" für Dich heute?

6. "Gottvertrauen"

Daniel 6 Vers 24
(kann auch Vers 23 sein, je nach Übersetzung)
„Da wurde der König sehr froh. Er befahl, Daniel aus der Grube herauszuholen. Als das geschehen war, fand man an ihm keine einzige Verletzung. Er hatte seinem Gott vertraut."
Bruns Übersetzung

Manchmal sprechen Menschen davon dass sie „Gottvertrauen" haben, oft in Verbindung mit schwierigen Situationen in ihrem Leben.
Auch Daniel war in einer schwierigen Situation gewesen und hatte „Gottvertrauen" bewiesen. „Er hatte seinem Gott vertraut", wird von ihm gesagt, nach dem er unversehrt aus der Löwengrube, in die er am Abend vorher geworfen worden war, herausgeholt wurde.
Daniel lebte in einer Welt, die von Gott nichts wissen wollte. In dieser Welt wurden Könige wie Götter behandelt und Daniel hatte sich in gewisser Weise auch angepasst. Er benutzt dieselbe Begrüßungsformel wie alle andern für den König.
Doch bei aller Anpassung und allem Einfinden in die Situation, in der er war, gab es einen großen Unterschied. Trotz eines Verbotes des Königs ließ er sich nicht davon abhalten seinen Gott in angemessener Weise anzubeten. Dafür war er auch bereit die Konsequenzen auf sich zu nehmen.
In unserm Land, in dem wir leben, müssen wir nicht mit der Todesstrafe rechnen, wenn wir unsern Glauben bezeugen und leben. Es ist eher Spott und Unverständnis denen wir begegnen, denn über Glauben spricht man ja nicht.

Doch manchmal ist es so, dass gerade diejenigen, die uns verspotten oder mit Unverständnis begegnen, auf der Suche sind.
Daniel hat es bestimmt viel Mut gekostet seinen Glauben zu bezeugen, da er um die Konsequenzen wusste. Auch uns kostet es manchmal Mut von oder über unsern Glauben zu sprechen, doch mit dem nötigen „Gottvertrauen" schaffen wir es.

Zum Nachdenken oder auch nicht:
Wo brauchst Du heute „Gottvertrauen"? Du darfst darum bitten!

7. Harte Schale — Weicher Kern

Hebräer 3 Verse 7+8
„Darum beherzigt, was der Heilige Geist sagt (Ps. 95, 7-11): Heute, so ihr seine Stimme hört, verhärtet eure Herzen nicht, wie es bei jenem Aufruhr geschah am Tage der Versuchung in der Wüste!"
Übersetzung nach Bruns

Der Hebräerbrief ist ein Brief im Neuen Testament, der für mich nicht so leicht verständlich ist. Vielleicht geht es nicht nur mir so. Und doch können wir viel daraus lernen.
Der Schreiber dieses Briefes benutzt Stellen aus dem Alten Testament, um denen, an die er den Brief geschrieben hat, Dinge verständlich zu machen. Auch diese Stelle ist solch eine Stelle.
Das Alte Testament war die „Bibel", die die Menschen kannten und es war klar, Gott spricht durch sie.
Als ich die Verse vor einiger Zeit las, waren es die Worte: *'Heute, so ihr seine Stimme hört, verhärtet eure Herzen nicht',* die mich getroffen haben.
Und ich habe mich gefragt: Was bedeutet diese Aussage für mich?
Wenn etwas hart ist, kann nichts anderes in es hineindringen. Oft ist diese Härte Schutz, wie bei einer Nussschale, die den weichen Kern schützt. Das Dumme ist nur, solch eine harte Schale schützt nicht nur vor negativen Dingen, sie verhindert auch, dass manch Gutes in uns hineingelangen kann, manchmal vielleicht auch das, was Gott uns zeigen oder sagen will.
Ich kann mich dem, was Gottes Wort sagt verschließen oder ich kann offen dafür sein.

Manchmal will ich nicht hören, was Gott mir durch sein Wort sagen möchte, da es, wenn ich darauf höre, Konsequenzen von meiner Seite her fordert.
Ich glaube, dass diese Aufforderung auch heute noch wichtig für uns ist. Denn Gott will uns Dinge zeigen und Er spricht auch heute noch zu uns. Deshalb ist es wichtig, unser Herz nicht zu verschließen, sondern offen zu sein für Gottes Reden und dem Hören Handeln folgen zu lassen.

Zum Nachdenken oder auch nicht:
Gibt es etwas in Deinem Leben, wo Du „gehört" hast, aber nicht bereit zum Handeln warst?

8. "Senfkornglaube"

Matthäus 17 Vers 20:
"Wegen eures Kleinglaubens", antwortete er. "Ich versichere euch: Wenn euer Vertrauen nur so groß wäre wie ein Senfkorn, könntet ihr zu diesem Berg sagen: 'Rück weg von hier nach dort!' Und er wird wegrücken. Nichts wird euch unmöglich sein."
NeÜ-bibel.heute

Die Jünger hatten Jesus gefragt, weshalb sie einem Jungen nicht helfen konnten. Der Vers, der oben steht, war die Antwort Jesu darauf. Dabei spricht er etwas aus, das bis heute Fragen aufwirft. Viele haben sich an diesem Vers versucht und sich mehr oder weniger die Zähne daran ausgebissen.
Ich will hier jetzt nicht noch eine Auslegung bringen, die es vielleicht in der einen oder andern Art schon gibt.
Mich hat dieser Vers vor Jahren einmal sehr berührt. In einer Situation, in der ich dachte, ich habe keinen Glauben und weil ich keinen Glauben habe, geschieht so wenig in meinem Leben.
In dieser Situation war es, als ob Jesus mich korrigierte und in mein Herz sprach: „Wenn Du keinen Glauben hättest, wenn Du kein Vertrauen zu mir hättest, würdest Du gar nicht erst zu mir kommen."
Wenn bei uns kein Glaube da ist, kein Vertrauen zu Gott, würden wir nicht zu Ihm kommen. Doch weil Vertrauen zu Gott da ist, kommen wir zu ihm.
Für mich ist Senfkornglaube der Schritt zu Gott hin, wenn ich nicht mehr weiter weiß oder kann.

Wenn ich dann Dinge vor ihn gebracht habe, hat sich schon mancher „Berg" in meinem Leben geebnet oder auch zur Seite bewegt und ich war überrascht, was dahinter zum Vorschein kam.

Manchmal ist mein Glaube nicht „groß", aber ich habe festgestellt, dass trotz meines „kleinen" Glaubens ein großer Gott mein Leben in Seiner Hand hält.

Zum Nachdenken oder auch nicht:
Du kannst mit Deinem „kleinen" Glauben zu unserm „großen" Gott kommen und Er wird Dir begegnen!
Probiere es heute aus!

9. Daniel, der Liebling Gottes

Daniel 10 Verse 11a und 19a
11a Dann sprach er zu mir: "Daniel, du bist der Liebling Gottes..."
19a Und sie sprach: "Fürchte dich nicht, du Liebling Gottes! Heil dir, sei fest und bleibe stark!"
Bruns Übersetzung

Bei Kindern kennen wir den Ausdruck auf Lätzchen oder Shirts „Mamas Liebling" oder „Papas Liebling".
Diesen Ausdruck in der Bibel zu finden hat mich doch sehr überrascht. In andern Übersetzungen heißt es „hoch geschätzt von Gott" oder „sehr geliebt von Gott". Diese Ausdrucksweise von Hans Bruns war für mich sehr ungewöhnlich. Und doch trifft sie vielleicht genau den Nagel auf den Kopf und drückt aus, wie sehr Daniel von Gott geliebt und anerkannt war.
Und... wer möchte nicht gern „Gottes Liebling" sein?
Doch wer kann überhaupt der Liebling Gottes sein?
Klar, Daniel, ein Mann, der sich in seinem Leben vorbildlich verhalten hat, der anscheinend immer genau das getan hat, was in Gottes Augen richtig war. Aber ich...
Ich mache nicht immer alles „richtig", ich versage, ich mache Fehler und sündige immer wieder.
Dann sind mir die vielen Bibelstellen eingefallen, in denen es um Gottes Liebe für mich und für uns als Seine Kinder geht, in denen wir lesen können, dass nichts uns von dieser Liebe trennen kann.

Ich habe auch an Johannes 3 Vers 16 gedacht und anstelle des Wortes Welt meinen Namen eingesetzt:

„Denn Gott hat Cornelia so geliebt, dass er seinen eingeborenen Sohn gab, damit sie, die an ihn glaubt, nicht verloren gehe, sondern ewiges Leben hat."
Also auch ich ein „Liebling Gottes"?!?

Zum Nachdenken oder auch nicht:
Vielleicht kannst Du Deinen Namen einsetzen?!
„Denn Gott hat _____ so geliebt, dass er seinen eingeborenen Sohn gab, damit sie/er, die/der an ihn glaubt, nicht verloren gehe, sondern ewiges Leben hat."
Auch Du gehörst zu den „Lieblingen Gottes", kannst Du das glauben?

10. Schon mal im Lotto gewonnen?

Psalm 119 Vers 162
„Ich freue mich über dein Wort wie einer, der große Beute findet."
NeÜ-bibel.heute

Vielen Menschen (auch Christen) fällt es nicht immer leicht in der Bibel zu lesen.
Manches hat man schon von Jugend an gehört und es ist oder „bringt" nichts Neues.
Vieles, gerade auch im Alten Testament, ist sehr schwer verständlich oder man empfindet es als schlichtweg langweilig und nicht relevant für unsere heutige Zeit.
Der Schreiber des Psalms sieht es völlig anders. Er lässt sich in 176 Versen darüber aus, wie wertvoll das Wort Gottes für ihn ist und für andere sein kann.
Hier spricht er davon, dass es so ist, als ob einer große Beute findet.
Nun ja, wir gehen heute im Allgemeinen nicht mehr auf „Beutezug" (höchstens beim Einkaufen?!), aber wir können uns vielleicht vorstellen, was es für uns bedeuten würde, wenn wir so richtig viel Geld im Lotto gewinnen würden.
Für den Schreiber des Psalms ist das Wort Gottes so etwas Ähnliches wie ein Lottogewinn.
Kann es das für uns auch werden?
Es kann eine große Hilfe sein das Wort Gottes besser zu verstehen, wenn wir uns mit anderen darüber austauschen.
Das muss ja nicht immer gleich ein Hauskreis oder Bibelkreis sein. Der Austausch mit einem Freund, einer Freundin oder mit dem Partner kann zum Staunen über

das Wort Gottes führen. Selbst am Telefon oder per Mail ist das möglich.

Deshalb brauchen wir Mut zum Reden über das, was man im Wort Gottes liest, versteht oder auch nicht, dann kann es für jeden von uns zur „großen Beute" werden.

Zum Nachdenken oder auch nicht:
Mit wem könntest Du mal reden über das, was Du im Wort Gottes so liest? Vielleicht ist es nicht nur für Dich eine Hilfe, sondern auch für Dein Gegenüber!

11. Unerfahren oder ein Träumer?

Sprüche 9/4+5
„Wer unerfahren ist, der kehre hier ein! Wer ohne Verstand ist zu dem spricht sie (die Weisheit): Kommt, esst von meinem Brot und trinkt von dem Wein, den ich gemischt.
Elbfelder Übersetzung

"Wer unerfahren ist, der kehre hier ein! Wer etwas lernen will, ist eingeladen!"
So rufen sie aus. "Kommt und esst von meinem Mahl und trinkt von meinem guten Wein!"
NeÜ-bibel.heute

Interessant wen hier „Frau Weisheit" einlädt. Vermutlich würden wir auch alle dem zustimmen, dass es die Unerfahrenen und die Tagträumer sind, die Weisheit brauchen.
Wir gehören wohl nicht mehr dazu.
Wir haben unsere Erfahrungen gemacht, wir stehen mit beiden Beinen im Leben, oder?
Ich hätte mich sicher weder als das eine noch als das andere betrachtet, wenn mich jemand gefragt hätte. Und doch, als ich diesen Vers las, dachte ich, egal was ich bin oder wer ich bin, Gott lädt mich ein an seiner Weisheit teilzuhaben.
Ich finde diese Einladung sehr verlockend, weil ich sehr oft merke wie ich an die Grenzen meiner „Weisheit" komme oder wie ich mit „meiner Weisheit am Ende bin", wie man so schön sagt.
Ich glaube wir sind nie zu jung oder zu alt zum Lernen. Egal wie alt oder jung wir sind, gibt es sicherlich Bereiche in unserm Leben, in denen wir unerfahren sind

oder Punkte, an denen wir unsern Träumen nachhängen. An sich ist das ja nichts „Schlechtes". Doch wenn wir beim Träumen stehen bleiben, kann uns das hindern weiter zu gehen.

Dann ist „Frau Weisheit" gefragt, bei „ihr" dürfen wir uns all das abholen, was wir für die Situation, in der wir sind, brauchen.
Wer sie „kennen lernen" möchte, findet sie in den Sprüchen Salomons.

Zum Nachdenken oder auch nicht:
Was steht bei Dir heute an? Brauchst Du heute für Deine Arbeit, für Entscheidungen, die zu treffen sind, Gottes Weisheit? Diese Einladung gilt auch Dir, nimm sie an und bitte Gott, um das was Du für den heutigen Tag brauchst.

12. Wer ist Gott für dich?

Psalm 4 Vers 2
„Ich rief dich an, Gott meines Heils! In meiner Bedrängnis hast du mir geholfen. Nun sei mir weiter gnädig und erhöre mein Gebet!"
Bruns Übersetzung

„Wenn ich zu dir rufe, mein Gott, so antworte mir, du bist der Gott, der für mein Recht eintritt. Aus großer Bedrängnis hast du mir schon herausgeholfen und mir weiten Raum verschafft, sei mir auch jetzt gnädig und erhöre mein Gebet!"
Neue Genfer Übersetzung

„Wenn ich rufe, gib mir doch Antwort, Gott, der du mir zum Recht verhilfst! Als ich in die Enge getrieben war, hast du mir weiten Raum verschafft."
Basisbibel

David nennt Ihn „Gott meines Heils" oder „Gott meiner Gerechtigkeit" oder „Gott, der für mein Recht eintritt", je nach Übersetzung.
Also nicht David ist es, der sich Heil oder Recht verschafft, sondern Gott ist der Handelnde in seinem Leben.
Wir wissen, dass David nicht gerade ein Leben hatte, in dem immer alles „glatt" lief. Er hat viele Tiefen in seinem Leben erlebt, die teils als Folge seiner eigenen Sünde und teils durch das Handeln anderer bedingt waren, oder auch durch Umstände, die er selbst nicht beeinflussen konnte.
Nein, er hatte kein leichtes Leben und doch spricht aus diesem Vers eine Zuversicht, die mich immer wieder neu erstaunt.

Gott hatte David schon so oft geholfen, dass er sich sicher war, sich mit seiner Bitte um Hilfe immer wieder an Gott wenden zu dürfen.
Diese Sicherheit ging so weit, dass er in den folgenden Versen auch andere zu diesem Vertrauen aufruft.
David macht mir Mut und erinnert mich daran, wie Gott mir in vielen Situationen bereits geholfen hat und dass ich vertrauensvoll zu Ihm kommen darf und Ihn um Hilfe bitten kann.
Dieses Vertrauen bringt einmal Freude (Vers 8 bzw. 7) und auch Frieden (Vers 9 bzw. 8). Das finde ich eine sehr „Gute Nachricht".

Zum Nachdenken oder auch nicht:
Wer oder was ist Gott für Dich?
(Es lohnt sich den gesamten Psalm zu lesen, sind nur 9 Verse)

13. Ärgern oder nicht ärgern?

Psalm 37 Verse 1b + 7b + 8
„Ärgere dich nicht über die Gesetzlosen, rege dich nicht auf über die Frevler!
Ärgere dich nicht über den, dem alles gelingt, über den, der seine Pläne schmiedet!
Lasse allen Zorn fahren und überwinde den Groll; ereifere dich nicht, das führt nur zum Bösen."

Bruns Übersetzung

„Ärgere Dich nicht" ist viel leichter gesagt als getan. Sich über etwas ärgern geht manchmal leichter und schneller als sich über etwas freuen oder auch für etwas dankbar sein.
Sehr oft sind es andere Menschen über die wir uns ärgern. Doch schon im „sich ärgern" steckt drin worum es geht – um uns.
Ärger betrifft sehr oft uns ganz persönlich – es kann sein, dass der andere zuerst einmal nichts davon mitbekommt, dass wir uns ärgern, doch was macht es mit uns?
Was macht dieses „sich ärgern" mit unseren Gedanken, unseren Gefühlen oder oft auch mit unserem Körper? Letztlich tut es uns als ganzer Person nicht gut.
Was können wir dem entgegen setzen?
David, der diesen Psalm geschrieben hat, gibt in Vers 3 einen Rat, der mir immer wieder geholfen hat. Er sagt: „ **Vertraue du auf den HERRN und tue nur das Gute, bleibe im Lande wohnen und übe Treue…**".
Vertrauen und dann Gutes tun, das heißt, ich lasse den Ärger nicht weiter Raum in meinem Leben einnehmen, sondern ich setze etwas anderes an die Stelle des Ärgers.

Damit meine ich nicht, dass Dinge nicht geklärt oder ausgesprochen werden müssen. Das muss oft geschehen, damit Bitterkeit und andere negative Gefühle sich nicht in uns breit machen können.
Doch selbst dann ist es wichtig unser Vertrauen auf Gott zu setzen.

Zum Nachdenken oder auch nicht:
Wo hast Du dich geärgert und merkst, dass es immer noch an Dir nagt, versuche einmal ganz bewusst diesen Ärger durch Vertrauen in Gott zu ersetzen. (Und wenn es etwas zu klären gibt, dann sei mutig und kläre es!)

14. Gott ist für uns da

Matthäus 28 Vers 20b
"...Und siehe, ich bin bei euch alle Tage bis zur Vollendung des Zeitalters."
Elberfelder Übersetzung

"Und seid gewiss: Ich bin jeden Tag bei euch, bis zum Ende der Zeit."
NeÜ-bibel.heute

Diesen Satz finden wir ganz am Schluss des Matthäusevangeliums. Jesus sagt ihn zu seinen Jüngern. Und er gilt auch für uns als seine Nachfolger.
Doch manchmal frage ich: „Wo bist Du, Herr?"
Ich spüre Ihn nicht, ich fühle nicht, dass Er da ist.
Dann kann ich mich „nur" an einem solchen Wort festhalten.
Gibt es solche Zeiten auch bei Dir?
In einer ähnlichen Situation ist dieses Gedicht entstanden. Es war als ob Gott mir zusichern wollte, dass Er in meiner Nähe ist, auch wenn ich Ihn nicht spürte.
Vielleicht kann dieses Gedicht ein kleiner Mutmacher für Dich heute sein, dass Gott für Dich da ist auch wenn Du Ihn nicht fühlst.

Ich bin da

*„Ich bin da und ich bin Dir nah,
ob du es spürst, ob du es merkst;
Ich bin in deiner Nähe.*

*„Ich bin da und ich bin Dir nah,
ob du es weißt, ob du verstehst;
Ich bin bei dir.*

*„Ich bin da und ich bin Dir nah,
näher als du denkst,
näher als du glaubst;
Ich bin in deiner Nähe.*

*Denn ich lebe in dir und durch dich.
Und andere begegnen mir
in dir!"*

Zum Nachdenken oder auch nicht:
Manches Mal ist Gott so nahe, dass wir es nicht merken.

15. Erledigt ist erledigt — oder?

1.Petrus 3 Vers 18a
"Auch Christus ist ein für alle Mal für unsere Sünden gestorben, ein Gerechter für Ungerechte, damit er uns den Zugang zu Gott verschaffte."
Bruns Übersetzung

"Christus selbst hat ja ebenfalls gelitten, als er, der Gerechte, für die Schuldigen starb. Er hat mit seinem Tod ein für alle Mal die Sünden der Menschen gesühnt und hat damit auch euch den Zugang zu Gott eröffnet."
Neue Genfer Übersetzung

In beiden Übersetzungen kommt der Ausdruck „ein für alle Mal" vor. Wir benutzen diesen Ausdruck nicht oft in unserem Sprachgebrauch, aber wenn wir sagen, das ist „ein für alle Mal" vorbei, dann ist es für immer vorbei. Wir ziehen damit einen Schlussstrich unter eine Sache und diese Sache ist erledigt – erledigt für immer.
Jesus hat das, was Sein Auftrag war, erledigt. Man könnte auch sagen, Er hat Seine „Arbeit" erledigt, es muss nicht noch einmal gemacht werden.
Auch uns stört es, wenn wir etwas gemacht haben und damit fertig sind und ein anderer kommt und macht dieselbe Arbeit noch einmal – dann haben wir es wohl nicht gut genug gemacht.
Jesus hat unsere Sünden ein für alle Mal gesühnt. Dazu können wir und brauchen wir nichts hinzufügen, auch wenn wir uns noch so sehr abmühen. Es ist Sein Geschenk an uns, doch Geschenke gehören einem nur, wenn man sie auch annimmt.

Durch Sein Tun ist etwas geschehen, die Tür oder der Zugang zu Gott wurde geöffnet. Eine Tür, die offen ist, braucht und kann man nicht noch einmal öffnen.
Der Zugang zu Gott ist für jeden, der das Geschenk Gottes angenommen hat, frei. Da steht nichts mehr zwischen Gott und uns, denn Jesus ist „ein für alle Mal" für unsere Sünden gestorben.
Für mich hat die Botschaft dieses Verses etwas sehr befreiendes - erledigt ist erledigt. Darauf darf ich vertrauen und darf wissen, ich kann dem Vater im Himmel ohne Angst begegnen.

Zum Nachdenken oder auch nicht:
Erledigt ist erledigt – gilt das auch für Dich oder fällt es Dir schwer dieses Geschenk anzunehmen und durch die offene Tür zu gehen?

16. Mut zur Umkehr

Lukas 15 Vers 7
„Ich sage euch: Im Himmel wird man sich genauso freuen. Die Freude über einen Sünder, der seine Einstellung geändert hat, ist größer als über neunundneunzig Gerechte, die es nicht nötig haben, umzukehren."
NeÜ-bibel.heute

Freude im Himmel über einen Sünder, der umkehrt.
Die Pharisäer und Schriftgelehrten wussten sofort wer die Sünder waren. Es waren Zöllner, Dirnen, Diebe und auch die, die sonst einen schlechten Ruf hatten, das waren die Sünder.
Ja, und es stimmt, ihr Leben war nicht „in Ordnung", sie haben sich nicht an die Gesetze gehalten.
Völlig logisch, dass sich der Himmel freut, wenn sich „so jemand" zu Gott bekehrt.
Doch Jesus spricht hier von einem Schaf, das bereits zur Herde gehört hat, das sich verirrt hat. Vielleicht dachte es, das Gras auf der anderen Seite des Zaunes ist grüner oder es hat nicht gemerkt wie die Herde weiter ging, hat sich in einem Dornenstrauch verheddert.
Wie sieht das bei uns aus? „Verheddern" wir uns nicht auch manchmal oder denken, die „in der Welt" haben es einfacher, besser, leichter und wir machen uns auf, um das Gras auf der anderen Seite des Zaunes zu probieren?
Dabei stellen wir häufig fest, das Gras ist doch nicht so grün wie es aussah.
Oft merkt es keiner, wie weit wir uns schon entfernt haben, und nur wir und Gott wissen es.
Wie kommen wir dann zurück zu Jesus?

Ich glaube, wir alle kennen solche Situationen. Es kostet Mut umzukehren, wieder in die Richtung zu gehen, in die wir eigentlich gehen wollen.

Dieser Vers kann uns dabei helfen umzukehren, wenn wir merken wir laufen in die falsche Richtung, wenn wir merken es gibt Dinge in unserem Leben, die uns schaden.

Der Himmel freut sich über jeden von uns, der den Weg zurückgeht.

Ich weiß nicht, wie oft ich schon umkehren musste.

Und ich werde es wieder tun, wenn ich merke, ich laufe in die falsche Richtung. Denn ich bin mir sicher, Gott freut sich, wenn ich umkehre!

Zum Nachdenken oder auch nicht:
Umkehr braucht manchmal viel Mut, aber es bringt noch mehr Freude nicht nur im Himmel, sondern auch für Dein Leben.

17. Vertrauen — ein kostbares Gut

Psalm 84 Verse 6 + Vers 13
(andere Übersetzungen Verse 5 + 12)
Vers 6
Glücklich die Menschen, denen du die Kraft bist, und die von ganzem Herzen dir vertrauen!
Vers 13
Wohl darum dem Menschen, der dir vertraut, du HERR der Heerscharen!
Übersetzung nach Bruns

Diese beiden Verse stammen aus einem Psalm, in dem es um die Begegnung mit GOTT und um die Beziehung zu IHM geht.
Beide Verse haben mit „Vertrauen in Gott oder zu Gott" zu tun.
Vertrauen ist ein sehr kostbares Gut in unserer heutigen Zeit, denn wem kann man denn noch vertrauen, wem kann man trauen?
Manchmal fällt es uns sogar schwer Menschen in unserer allernächsten Umgebung zu vertrauen, weil wir schon oft enttäuscht wurden. Und auch uns selbst „trauen" wir manchmal nicht. Wir haben uns schon manches vorgenommen, das wir dann doch nicht geschafft haben oder genau das getan, was wir nicht wollten.
Der Psalmist sagt: **„Glücklich, die Menschen..."** oder **„Wohl dem Menschen..."**. Das bedeutet, den Menschen, die Gott vertrauen, geht es gut.
Das scheint nicht immer zu stimmen, auch wenn wir uns entschieden haben Gott zu vertrauen.
Es gehört Mut dazu jemandem zu vertrauen und es ist auch immer ein Stück Wagnis dabei, besonders, wenn wir jemanden nicht so gut kennen.

Um Gott vertrauen zu können, müssen wir ihn kennenlernen und ihm begegnen.
So wie es Zeit und Mut kostet sich auf andere Menschen einzulassen, kostet es auch Zeit und Mut sich auf Gott einzulassen. Umso besser Du Gott oder andere Menschen kennenlernst, umso leichter fällt das Vertrauen.
Vertrauen lohnt sich, selbst wenn wir manchmal enttäuscht werden, auch wenn Gottes Antworten nicht immer unseren Erwartungen entsprechen.

Zum Nachdenken oder auch nicht:
Vielleicht kannst Du gleich jetzt diesen Tag, diese Woche oder bestimmte Dinge, die heute auf Dich zu kommen Gott anvertrauen. Trau Dich!

18. Gott erhört unsere Gebete auf Seine Weise und zu Seiner Zeit

Lukas 1 Vers 13
Da sagte der Engel zu ihm: "Habe keine Angst, Zacharias! Dein Gebet ist erhört. Deine Frau Elisabeth wird dir einen Sohn schenken, und du sollst ihn Johannes nennen."
Bruns Übersetzung

Nur vier Worte und sie haben das Leben von Zacharias und seiner Frau völlig verändert.
„Dein Gebet ist erhört."
Wie gerne würden wir wenigstens ab und zu diese Worte hören.
Wie viele Jahre hatten sie wohl schon um ein Kind gebetet und keine Antwort erhalten. Vermutlich hatten sie inzwischen die Hoffnung aufgegeben und versucht mit ihrem Leben zu Recht zu kommen wie es eben war.
Und dann in einem Augenblick, als Zacharias es wohl am wenigsten erwartet hatte, steht ein Engel vor ihm und sagt diese Worte. Ja, und der Engel sagt auch, welches Gebet Gott erhört hatte. (Denn Zacharias als einer der Priester, hatte in seinem Leben bestimmt schon viele Gebete gesprochen).

Er bekam eine Antwort auf ein Gebet, an das er vermutlich gar nicht mehr dachte. Zu einem Zeitpunkt als aus menschlicher Sicht „der Zug längst abgefahren war".
Ich kann mir nicht vorstellen wie es wäre einen Engel zu sehen, der zu mir spricht. Und wenn ich von Engelserscheinungen höre, bin ich eher misstrauisch.
Doch es gab Situationen in meinem Leben, da war dieses „dein Gebet ist erhört" so laut, als ob ein Engel zu mir

gesprochen hätte. Manchmal kam die Gebetserhörung auch zu einem Zeitpunkt, an dem ich es am wenigsten erwartet hätte.

Elisabeth und Zacharias hatten ihren Wunsch nach einem Kind wohl längst losgelassen, weil es aus welchen Gründen auch immer, nicht möglich gewesen war. Doch dann kam Gott ins Spiel, zu einem Zeitpunkt an dem sie es nicht erwarteten.
Manches was wir loslassen, bekommen wir auf erstaunliche Weise zurück!

Zum Nachdenken oder auch nicht:
Gibt es bei Dir etwas, wo es an der Zeit ist, es loszulassen?

19. Aufrichtigkeit, ein Charakterzug, der Gott gefällt

1.Chronik 29:17a
„Ich weiß, mein Gott, dass du das Herz prüfst, und dass Aufrichtigkeit dir gefällt."
NeÜ-bibel.heute

„Ich weiß, mein Gott, dass du das Herz prüfst und Wohlgefallen hast an Aufrichtigkeit."
Elberfelder Übersetzung

Aufrichtigkeit ist ein Wort, das man im heutigen Sprachgebrauch weniger kennt. Wir würden vermutlich eher von Ehrlichkeit sprechen und als Christen sind wir doch alle „ehrlich", oder nicht?
Doch oft werden ehrliche Menschen eher als dumm oder naiv angesehen.
Diejenigen, die ehrlich bei ihren Steuerangaben sind, sind eben nur zu dumm es so geschickt zu machen, dass es keiner merkt, wenn sie tricksen.
Lohnt es sich überhaupt in unserer heutigen Zeit ehrlich zu sein oder wird man dann doch nur über's Ohr gehauen?
Ein bisschen tricksen tut doch keinem weh! (Oder doch?)
Hans Bruns benutzt das Wort Aufrichtigkeit. Als ich das Wort gelesen habe, hatte ich das Bild eines aufrecht stehenden Menschen vor mir, der allen in die Augen sehen kann, weil er/sie kein schlechtes Gewissen hat oder Angst davor haben muss, dass irgendetwas ans Tageslicht kommt, was er/sie gerne geheim gehalten hätte.

Aufrichtigkeit hat für mich mit Offenheit zu tun oder wir würden heute sagen Transparenz. Man muss sich nicht verstellen, weder vor Gott noch vor anderen. Man darf sein wie man ist.
Das heißt nicht, dass aufrichtige Menschen keine Fehler machen. Auch sie können das Falsche sagen oder tun, aber sie können zu dem stehen, was sie gesagt oder getan haben.
Ich denke, diese Haltung ist auch ein Schlüssel dazu Gottes Gnade und Vergebung anzunehmen.
Wenn ich ehrlich mit mir und anderen bin, dann kann ich auch ehrlich dazu stehen, dass ich es eben nicht aus eigener Kraft schaffe ein „guter" Mensch zu sein, sondern dass ich Hilfe brauche.

Zum Nachdenken oder nicht:
Gott freut sich über Deine Aufrichtigkeit in der Beziehung zu Ihm und in Bezug auf andere!

20. Lückenbüßer oder „Erste Wahl"

Johannes 15 Vers 16
„Nicht ihr habt mich erwählt, sondern ich habe euch erwählt und gesetzt, dass ihr hingehet und Frucht bringet und eure Frucht bleibe, ..."
Schlachter Übersetzung

„Nicht ihr habt mich erwählt, sondern ich habe euch erwählt. Ich habe euch dazu bestimmt, hinzugehen und Frucht zu tragen - Frucht, die Bestand hat."
NeÜ-bibel.heute

Vermutlich kennen wir alle Situationen, in denen die 1.Wahl nicht auf uns gefallen ist. Sei es in der Schule, wenn man zu den letzten gehörte, die ins Team gewählt wurden. Sei es im Beruf, wo man nur für etwas ausgewählt wurde, weil eine andere Person ausgefallen ist oder sei es in der Gemeinde, weil kein anderer bereit war den „Job" zu machen, der zu tun war.
Wir sind eingesprungen, obwohl wir, menschlich gesehen, nicht die erste Wahl waren.
Doch ich glaube bei Gott gibt es keine „Lückenbüßer", sondern nur erste Wahl für eine bestimmte Aufgabe oder einen bestimmten Platz.
Gott wählt nicht nach dem Zufallsprinzip aus. Er weiß genau wen Er für welche Aufgabe braucht, auch wenn das „Auswahlverfahren" manchmal ungewöhnlich ist.
Gott weiß, welche Gaben und Begabungen Du hast. Er will und wird Dich auch dementsprechend einsetzen, sei es in der Schule oder Ausbildung, sei es im Beruf, in der Familie oder in der Gemeinde.

Manchmal dauert es ein Weilchen bis wir an dem Platz sind, an dem uns Gott haben will, denn wir brauchen Zeit zum Wachsen.

Wir müssen nicht unsere Ellbogen benutzen um vorwärts zu kommen, sondern wir dürfen die Schritte gehen, die Gott uns nacheinander zeigt. Er wird zum richtigen Zeitpunkt die richtige Tür öffnen.

Egal wie jung oder wie alt Du bist, Gott braucht Dich in den verschiedensten Aufgaben und an den verschiedensten Plätzen. Das kann sich im Laufe der Zeit immer wieder verändern. Eine Aufgabe oder ein Platz, der lange Zeit Deiner war, ist es plötzlich nicht mehr. Dann hat Gott neue Aufgaben für dich. Du wurdest nicht „ausgemustert", sondern zu Neuem berufen oder ausgewählt.

Zum Nachdenken oder auch nicht:
Gott wählt nicht nach dem Zufallsprinzip, sondern weil Er Dich an dem Platz, an dem Du bist, gebrauchen will.

21. "Hört auf IHN!"

Matthäus 17 Vers 5
Während er noch redete, fiel der Schatten einer lichten Wolke auf sie, und aus der Wolke sagte eine Stimme: "Das ist mein lieber Sohn, an dem ich meine Freude habe. Hört auf ihn!"

Markus 9 Vers 7
Da fiel der Schatten einer Wolke auf sie und aus der Wolke sagte eine Stimme: "Das ist mein lieber Sohn. Hört auf ihn!"

Lukas 9 Vers 35
Da sagte eine Stimme aus der Wolke: "Das ist mein Sohn, mein Auserwählter, hört auf ihn!"
 Bibelstellen nach der Bruns Übersetzung

Dieser Vers stammt aus der Geschichte der „Verklärung" Jesu.
Darunter versteht man ein Erlebnis, das drei seiner Jünger mit Jesus auf einem Berg gehabt haben.
Dabei hatte sich das Aussehen Jesu verändert. Zwei Propheten des Alten Testamentes erschienen und die Jünger hörten eine Stimme, die bestätigte, dass Jesus Gottes Sohn war. Und dann kam die Aufforderung: „*Hört auf Ihn!*"
Was muss das für ein Augenblick für die Jünger gewesen sein. Doch der Glanz verblich, die Propheten verschwanden, aber eines blieb: „*Hört auf Ihn!*"
Für mich ist dieses „*Hört auf Ihn*" der wichtigste Satz in diesem Bericht, aber auch der schwerste.

Wie können wir auf Jesus hören? Wohl am meisten durch das Neue Testament. Hier wird uns berichtet, was Er tat und sagte. Wir können ganz direkt von Ihm lernen. Auch andere können uns die Worte Jesu weitergeben und wir können über sie von Jesus lernen.
Doch oft ist der direkte Weg der beste und wir dürfen diesen „direkten" Weg immer und immer wieder gehen.
Deshalb, glaube ich, ist es so wichtig regelmäßig im Neuen Testament zu lesen. Dabei kommt es nicht darauf an wie lange man liest oder wie viele Kapitel man täglich schafft, sondern, ob wir bereit sind auf das zu *„hören"*, was wir da lesen. Manchmal reichen ein oder zwei Verse, in denen Gott uns etwas zeigen kann. Dieses *„Hören"* wird sich in unserem Handeln zeigen.
Ich möchte Dir Mut machen regelmäßig in der Bibel zu lesen, besonders auch immer wieder in den Evangelien des Neuen Testamentes. Lass das Wort Gottes in Deinem Leben wirksam werden, selbst wenn Du nicht alles verstehst. Es wirkt in Dir, denn es ist ein lebendiges Wort.

Zum Nachdenken oder auch nicht:
Heute schon auf Jesus gehört?

22. Dürres Tal und Ort der Quellen

Psalm 84 Verse 5-7
„Glückselig der Mensch, dessen Stärke in dir ist, in deren Herzen gebahnte Wege sind!
Durch das Tränental gehend, machen sie es zu einem Quellenort; ja, mit Segnungen bedeckt es der Frühregen. Sie gehen von Kraft zu Kraft; sie erscheinen vor Gott in Zion."
Elberfelder Übersetzung

Psalm 84 Verse 6-8
„Glücklich zu nennen ist, wer seine Stärke in dir gefunden hat, alle die, deren Herz erfüllt ist von dem Wunsch, zu deinem Heiligtum zu pilgern.
Durchqueren sie das Tal der Dürre, so wird es durch sie zu einem Ort mit Quellen, und auch der Herbstregen schenkt dem Tal wieder Fruchtbarkeit.
Sie empfangen auf Schritt und Tritt neue Kraft, bis sie dann vor Gott auf dem Berg Zion stehen."
Neue Genfer Übersetzung

Täler der „Dürre" oder „Tränentäler" kennen wir wohl alle, in der einen oder anderen Weise.
Es sind oft Zeiten, in denen uns Gott weit weg scheint. Wir haben dann das Gefühl Gott ist nicht da, egal wie sehr wir uns auch abmühen. Er hört unsere Gebete nicht und antwortet schon gleich gar nicht.
Auch der Psalmschreiber scheint solche Zeiten gekannt zu haben. Von manchen Propheten im Alten Testament wird uns berichtet, dass auch sie Zeiten des Zweifelns und der Verzweiflung durchlebten.
Es scheint normal im Leben von uns Menschen zu sein, dass es diese Zeiten gibt.

Interessant ist, dass es im Text nicht heißt, **sie bleiben** in diesem Tal, sondern **sie gehen durch** das Tal oder **sie durchqueren** das Tal.

Und dann kommt eine sehr überraschende Aussage. Durch diejenigen, die im Herrn ihre Stärke gefunden haben, wird das Tal der Dürre zu einem Ort, an dem Quellen entstehen. Einem Ort, an dem frisches Wasser fließt.

Mich bringen diese Worte zum Nachdenken. Ich merke, sie machen mir Mut durch Zeiten der „Tränen" oder der „Dürre" hindurchzugehen, im Vertrauen darauf, dass durch mein „Hindurchgehen" Quellen für andere entstehen, die ihnen neue Kraft geben und sie erfrischen.

Diese Worte haben mich auch an das erinnert, was Jesus in ***Johannes 7 Vers 38*** *sagt:* *„Wer an mich glaubt, gleichwie die Schrift gesagt hat, aus dessen Leibe werden Ströme lebendigen Wassers fließen."*

Manchmal können wir gerade dann andern eine Hilfe sein, wenn wir selbst durch schwierige Zeiten „hindurchgegangen" sind.

Zum Nachdenken oder auch nicht:

Nicht „stehen", sondern „gehen" könnte die Parole sein.

23. Jesus loves you, Connie!

Johannes 14 Vers 34
Ich gebe euch jetzt ein neues Gebot: Liebt einander! Genauso wie ich euch geliebt habe, sollt ihr einander lieben!
NeÜ-bibel.heute

Aber eine neue Weisung gebe ich euch: Habt euch untereinander lieb; so wie ich euch geliebt habe, so sollt auch ihr einander liebhaben.
Bruns Übersetzung

„Jesus loves you, Connie" – Jesus liebt Dich, Conny.
Dieser Satz steht auf einem Lesezeichen, das aus Leder geprägt ist und das ich vor über 30 Jahren von amerikanischen Freunden geschenkt bekommen habe.
Ich hatte dieses Lesezeichen längst vergessen. Vor kurzem fand ich es in einem Buch wieder und musste lächeln als ich den Satz las. Meinen Namen haben viele meiner amerikanischen Freunde nie richtig geschrieben. Und doch weiß ich, als ich dieses Lesezeichen bekam, wurde es mir mit viel Liebe geschenkt.
Die Botschaft ist weder lang, noch ist sie sehr kompliziert. Trotzdem glaube ich, ist es die „Lebensverändernste" Botschaft der Welt – für mich und vielleicht auch für Dich!?
Mein Kopf weiß, dass Jesus mich liebt, aber dieses Wissen war mehr oder minder zur „Gewohnheit" geworden und hatte seine Außergewöhnlichkeit verloren.
Doch als ich diesen kurzen Satz auf dem alten Lesezeichen wieder las, da war es als ob Gott mir in die Augen sah und sagte:

„Ich liebe Dich gestern, heute und auch morgen. Darauf kannst Du vertrauen, auch wenn Dir Dein Gefühl manchmal etwas anderes sagt."
Diese „alte – neue" Botschaft möchte ich gerne an Euch weiter geben. Gottes Liebe ist für uns da, ob wir es spüren oder nicht.

Zum Nachdenken oder auch nicht:
JESUS liebt Dich, … !
 Da könnte jetzt Dein Name stehen!

24. Der Weg zum Sieg

Jesaja 30 Vers 15
*„Denn so spricht der HERR und Gebieter, der Heilige Israels: Nur durch **Umkehr** und **Stille** könnt ihr Rettung bekommen. Durch **Stillehalten** und **Vertrauen** bekommt ihr den Sieg; aber ihr wollt ja nicht."*

Bruns Übersetzung

Dieser Satz stammt aus einem alttestamentlichen Buch der Bibel.
Er wurde von Jesaja, einem Propheten, dem Volk Gottes als ein Wort von Gott, zugesprochen.
Mehrere Worte sind mir aufgefallen: **Umkehr – Stille/Stillehalten – Vertrauen.**
Diese Worte scheinen hier die Grundlage für den Sieg des Volkes Israel zu sein.
Bei Israel ging es immer wieder darum das Territorium, das sie von Gott bekommen hatten, auch zu behalten. Sie mussten immer wieder gegen andere Völker kämpfen.

Wie sieht das in unserem Leben aus? Womit haben wir zu kämpfen? Womit kämpfst Du gerade in Deinem Leben?
Um den „Sieg" zu erlangen, werden hier Dinge genannt, die nichts mit „Kampf" zu tun haben, die aber zum „Sieg" verhelfen.

Umkehr ist das erste Wort.
Gibt es vielleicht in Deinem Leben einen Punkt, an dem es Zeit ist umzukehren? Umkehren heißt, in die andere Richtung gehen.
Dazu braucht man Mut.

Stille ist der zweite Begriff.
In unserer hektischen Zeit zur Ruhe zu kommen, still zu werden, nichts tun zu müssen, geschieht nicht einfach, sondern man muss sich dafür entscheiden. Auch das kostet Mut.

Stille halten und Vertrauen, die letzten beiden Begriffe in dieser Reihe.
Stille halten hat nichts mit Passivität zu tun, sondern mit aktivem Vertrauen in Gott.
Dabei ist Vertrauen der Begriff, der uns oft den meisten Mut kostet. Vertrauen, dass Gott da ist, auch wenn wir ihn nicht sehen können. Vertrauen, dass Gott die Sache in die Hand nimmt und regeln wird. Vertrauen, dass ER es gut mit uns meint, und dass ER es ist, der uns zum Sieg führen wird.

Zum Nachdenken oder auch nicht:
Umkehren, still werden, Stille halten und Vertrauen, all das kostet Mut. Sei mutig das zu tun, was für Dich richtig ist.

25. Verkehrte Welt

Matthäus 5 Verse 3 – 5
„Selig sind die geistlich Armen; denn ihrer ist das Himmelreich!
Selig sind die Trauernden; denn sie sollen getröstet werden!
Selig sind die Sanftmütigen; denn sie werden das Land ererben!"
Schlachter Übersetzung

"Wohl denen, die sich innerlich arm wissen im Geist; denn die Königsherrschaft der Himmel gehört ihnen. Wohl denen, die Leid tragen; denn sie werden getröstet werden. Wohl denen, die sanftmütig sind; denn sie werden die Erde zum Eigentum erhalten."
Bruns Übersetzung

Diese drei Verse sind nur der Anfang der sogenannten Seligpreisungen. Das, was Jesus hier sagt wird von vielen Menschen zitiert und „benutzt", ob sie nun Christen sind oder nicht. Die Aussagen, die Jesus hier macht, stehen dem Denken unserer heutigen Zeit konträr gegenüber.
Es ist nicht populär geistlich oder geistig arm zu sein. Es ist nicht populär zu trauern oder sanftmütig zu sein. Man muss sich durchsetzen können.
Aber „selig – glücklich – gesegnet" sollen ausgerechnet die sein, die es von Rechtswegen nicht sein dürften.
Jesus stellt das Denken der Menschen der damaligen Zeit und auch unserer Zeit heute auf den Kopf.
Die meisten von uns wollen glücklich oder gesegnet sein, wie es auch in manchen Übersetzungen heißt. Doch der

Weg zum glücklich sein ist ein anderer als wir ihn uns oft vorstellen.
Glück scheint mehr zu sein als das, was man momentan hat und sieht.
Glücklich darüber zu sein, wer man ist, was man ist und unter welchen Umständen man lebt, kann sehr herausfordernd sein.
Glücklich sein, weil man um eine Zukunft weiß – weil man im Vertrauen auf Gott eine Zukunft hat.
Gott stellt manchmal alles auf den Kopf.
Er gibt unserem Heute eine Zukunft. Er zeigt, dass unser Heute eine Zukunft hat, auch wenn wir sie nicht sehen oder gar verstehen können.
So wie wir sind, kann und will Er uns gebrauchen. Damit schenkt Er uns Zukunft und Hoffnung.
Was sich in den Augen der Menschen als nachteilig erweist, kann sich in unserem Leben als Segen erweisen.

Zum Nachdenken oder auch nicht:
Was hat sich in Deinem Leben schon als „Segen" erwiesen, was zuerst nicht danach aussah?

26. Jesus saves — Jesus rettet

Johannes 3 Vers 17
„Denn nicht dazu hat Gott seinen Sohn in die Welt gesandt, dass er die Welt verurteile, sondern dass die Welt durch ihn gerettet werde."
Bruns Übersetzung

„Gott hat seinen Sohn ja nicht in die Welt geschickt, um sie zu verurteilen, sondern um sie durch ihn zu retten."
NeÜ-bibel.heute

Vor kurzem habe ich eine englische Predigt gelesen und diese beiden Worte kamen darin vor. „Jesus saves" also Jesus rettet. Der Autor schrieb davon wie diese beiden Worte, wenn wir sie irgendwo öffentlich lesen, (auf einem Auto, einem Plakat oder einer Hauswand) uns peinlich berühren.
Jesus rettet - zwei einfache Worte, die eine erstaunliche Aussage haben, gerade auch in unserer Zeit, in der es nur allzu oft um Selbsterlösung geht.
Aber ist nicht genau das oft unsere Schwierigkeit? Wir möchten gerne alles selbst können. "Selber groß" wie kleine Kinder manchmal sagen.
Aber wir können es eben nicht, wir können uns nicht selbst erlösen! Auch wenn es uns immer wieder suggeriert wird.
Wir brauchen ihn, diesen Jesus. Er ist es, der uns retten und erlösen kann.
Eigentlich eine wunderbare Botschaft, die wir haben. Nur trauen wir uns oft nicht diese Botschaft in die Welt hinaus zu tragen.

Jesus rettet ohne „Wenn und Aber". Wir müssen nicht in Vorleistung gehen und beweisen, dass wir es wert sind gerettet zu werden.

Wie wäre es, wenn wir heute damit anfangen, da wo wir leben, arbeiten oder gerade sind? Es kostet Mut sich dazu zu bekennen und manchmal kann es auch peinlich sein.
Doch es ist eine "gute Botschaft", die wir weiter geben können, eine Botschaft, die schon vielen Menschen das Leben gerettet hat.

Zum Nachdenken oder nicht:
Gibt es jemanden, dem Du schon längst einmal etwas von dieser „guten Botschaft" erzählen wolltest? Vielleicht ist jetzt der Zeitpunkt?

27. Das Leben geht weiter

Lukas 20 Vers 38
„Er ist also nicht ein Gott von Toten, sondern von Lebenden; denn für ihn sind alle lebendig."
NeÜ-bibel.heute

„Er ist aber nicht Gott der Toten, sondern der Lebendigen; denn ihm leben alle."
Schlachter Übersetzung

Dieser Vers war ein Monatsspruch von 2013 und ich sollte eine Andacht dazu schreiben. Als ich ihn las, dachte ich zuerst, wie kommt man wohl auf solch einen Vers, den ich nicht gerade leicht verständlich fand.
Daraufhin habe ich mir den Zusammenhang, in dem Jesus diese Aussage macht, angesehen.
Es geht hier um das „Leben danach". Und Jesus zeigt auf, dass es „danach" weitergeht.
Dass Menschen, die im Glauben an Gott leben, nicht einfach weg sind oder zu Staub zerfallen, sondern dass es da ein Leben mit oder bei Gott gibt.
Das heißt, mit unserem Tod ist eben nicht alles vorbei, sondern es gibt ein „Weiter". Ein Weiter, das wir nur schwer verstehen können, da dieses „Weiter" außerhalb von Zeit und Raum ist. Wir leben jedoch im „Hier und Heute" also in Zeit und Raum.
Was hilft uns jetzt diese Wissen in unserem „Hier und Heute"?

Ist es eben doch nur ein billiger Trost wie manche meinen?

Für mich heißt es, unser Gott ist ein Gott, dem ich alles anvertrauen darf. Er hat mein Gestern, mein Heute und mein Morgen und auch das, was hinter dem „Morgen" kommt in seiner Hand. Auch das was ich jetzt und hier nicht völlig verstehen kann.

Deshalb kann ich Ihm mein „Heute" anvertrauen.
Weil er lebt, lebe auch ich.

Zum Nachdenken oder auch nicht:
Wie „lebendig" ist Gott für Dich?

28. Gott rüstet aus

Psalm 144 Verse 1+2
Ein Lied Davids.
Der HERR sei gepriesen, er ist mein Fels! Er hat meine Hände zum Kampf und meine Finger zum Kriegen geschickt gemacht.
(Er ist) meine Zuflucht und meine Festung, meine Burg und meine Rettung, mein Schild und meine Beruhigung, bei ihm finde ich Zuflucht. Er hat mir mein Volk (oder die Völker) unterworfen.
Bruns Übersetzung

Gepriesen sei der Herr, mein Fels, der meine Hände zum Kampf anleitet, meine Finger geschickt macht für den Krieg. Er ist mein gnädiger Gott und meine Festung, meine Zuflucht und mein Befreier, mein Schild und der, bei dem ich geborgen bin, der mein Volk meiner Herrschaft unterstellt.
Neue Genfer Übersetzung

Gott hat David für das ausgerüstet, was in seinem Leben dran war und das war im wahrsten Sinne des Wortes der Kampf.
Wenige von uns werden in ihrem Leben mit dieser Art des Kämpfens konfrontiert, wobei manche Älteren unter uns auch das erlebt haben.
Trotzdem kämpfen auch wir in unserem Leben, oft auf vielen verschiedenen Ebenen. Manchmal fühlen wir uns auf verlorenem Posten, wie man so schön sagt. Wir fühlen uns „ohnmächtig" und sind es auch häufig. Wir können nichts tun und würden doch so gerne etwas ändern.

Diese beiden Verse haben mir Mut gemacht, Gott zu vertrauen.
Er ist fähig mich für den „Kampf" auszurüsten, in dem ich stehe. Doch nicht nur das. Ich darf wissen, ich kann zu Ihm kommen, denn Er ist der Ort an dem ich geschützt bin.
Ich muss mich nicht auf meine Kraft verlassen, die ihre Grenzen hat, sondern ich darf auf den vertrauen, bei dem alle Kraft ist und von dem alle Kraft kommt.

Ich weiß nicht in welcher Art Kampf Du im Augenblick steckst. Doch ich möchte Dir Mut machen darauf zu vertrauen, dass Gott Dich in der richtigen Art ausrüsten kann und will.
So wie Er für David Zuflucht, Festung, Burg und Schild war, will Er es auch für Dich sein.

Zum Nachdenken oder auch nicht:
Du kannst Gott um die „Ausrüstung" bitten, die Du für Heute brauchst.

29. Erst Denken — dann Sprechen

Sprüche 15 Vers 4
„Eine heilsame Zunge ist ein Baum des Lebens; aber Verkehrtheit in ihr verwundeten Geist."
Schlachterübersetzung

Ein freundliches Wort ist wie ein Lebensbaum, eine falsche Zunge zerbricht den Geist.
NeÜ-bibel.heute

Das was wir aussprechen, kann viel Gutes, aber genauso das Gegenteil bewirken.
Der Schreiber dieser Sprüche benutzt zwei Bilder, einmal „einen Baum des Lebens" zum andern „einen verwundeten Geist".
Beides können wir nicht sehen. Vom Baum des Lebens wird uns ganz am Anfang der Bibel erzählt, dass er im Garten Eden oder im sogenannten Paradies gestanden hat. Von ihm hätten Adam und Eva essen dürfen und er hätte ihnen Leben gegeben.
Was heißt das für uns?
Das, was wir sagen, hat Wirkung. Wir können mit dem, was wir sagen im Leben von anderen oder auch in unserem eigenen Leben etwas bewirken. Unsere Worte können Leben bringen aber auch verwunden oder zerbrechen.
Was wollen wir erreichen mit dem was wir sagen?

Worte können dieselbe Auswirkung auf den Geist eines Menschen haben wie eine Waffe auf den Körper eines Menschen. Ich glaube, dieser Vers will uns zeigen, dass wir bewusst mit Worten umgehen sollen.

„Erst denken, dann sprechen", wie meine Mutter früher manchmal zu mir sagte.
Gott hat uns mit der Fähigkeit zu sprechen eine wunderbare Gabe gegeben. Mögen wir sie zum Nutzen anderer und auch zu unserem eigenen Nutzen einsetzen. Denn was wir sagen hat Wirkung auf andere und auf uns selbst.

Zum Nachdenken oder nicht:
Wem könntest Du heute mit dem, was Du zu ihm/ihr sagst, ein Stück Leben vermitteln?

30. Auserwählt und Geliebt

Kolosser 3 Vers 12
„So kleidet euch nun als die Auserwählten Gottes, als seine geliebten Heiligen mit einem Herzen voll Erbarmen, Güte, Demut, Milde und Geduld!"
Bruns Übersetzung

„Weil Gott euch nun auserwählt hat, zu seinen Heiligen und Geliebten zu gehören, bekleidet euch mit barmherziger Zuneigung, mit Güte, Demut, Milde und Geduld!"
NeÜ-bibel.heute

Wie sehr wünschen wir uns alle „auserwählt" und „geliebt" zu sein. Manche Menschen tun sehr viel dafür um zu den „Auserwählten" zu gehören, sei es im Sport, um in einen bestimmten Kader zu kommen, sei es bei „Germanys next Top-Model", im Beruf oder auch um mit bestimmten Menschen befreundet sein zu können.
Genauso ist es mit dem „geliebt" werden. Auch hier tun Menschen vieles, um angenommen und geliebt zu werden.
Mir ging es beim Schulsport oft so, dass ich eine der letzten war, die in eine Mannschaft gewählt wurde. Um von anderen geliebt und angenommen zu werden, habe ich manchmal auch Dinge getan, auf die ich heute nicht mehr stolz bin. Das Leben scheint ein ständiger Kampf zu sein, angenommen und geliebt zu werden.
Paulus gibt den Kolossern in der Art wie er sie anspricht eine Zusicherung, von der ich denke, dass wir sie alle brauchen.

Die Kolosser waren von Gott „auserwählt" und „geliebt", und wir sind es auch. Wir müssen darum nicht kämpfen.
Nicht immer ist das für uns nachvollziehbar und wir haben das Gefühl, dass wir doch etwas dafür tun müssen. Aber Gott ist es, der „getan hat".
Was heißt „auserwählt"?
Gott will, dass wir in einer Beziehung zu ihm leben. Er hat uns in seine „Mannschaft" gewählt.
Was heißt „geliebt"?
Er hat uns so sehr geliebt, dass Er seinen Sohn für all unsere Schuld (für alles was wir falsch gemacht haben und auch noch machen werden) hat bezahlen lassen.
Vermutlich werden wir im Leben nicht immer in jedes Team gewählt oder für jeden Job genommen, den wir uns wünschen. Wir werden wohl auch nicht immer bei jedem Menschen, der uns wichtig ist, auf Liebe und Annahme stoßen.
Doch der, auf den es ankommt, hat uns auserwählt und liebt uns mehr als wir es uns vorstellen können.

Zum Nachdenken oder auch nicht:
Vielleicht kannst Du dem, auf den es ankommt, ein kurzes (oder auch längeres) Danke dafür sagen!

31. Verschwendung oder eine Tat der Liebe?

Matthäus 26 Vers 13:
"Vor Gott sage ich euch: Wo man diese Frohe Botschaft in der ganzen Welt verkündigen wird, da wird man auch daran erinnern, was diese Frau an mir getan hat."
Bruns Übersetzung

"Und ich versichere euch: Überall in der Welt, wo man die gute Botschaft predigen wird, wird man auch von dem reden, was diese Frau getan hat."
NeÜ-bibel.heute

„Man wird sich erinnern", sagt Jesus über etwas, das die Jünger als Verschwendung betrachtet haben.
Wie viel war dieses Fläschchen wohl wert? Es muss eine ganze Menge gewesen sein, denn nach den Aussagen der Jünger zu schließen, hätte man damit viel Gutes bewirken können.
Gutes tun, den Armen geben, sind ganz wichtige Aspekte unserer christlichen Lehre.
Und doch weist Jesus die Frau nicht zurecht, sondern Er lobt sie und sagt, dass man sich an sie und ihre Tat erinnern wird, so wie es dann auch in den Evangelien geschehen ist.
Was machte die Frau und ihre Tat so „erinnerungswürdig" in den Augen Jesu?
Liebe ?!
Liebe zu dem, der von manchen verlacht wurde, dem ständig von Pharisäern und Schriftgelehrten Fallen gestellt wurden, in die er tappen sollte. Liebe zu dem, der

häufig nicht einmal von seinen Jüngern verstanden wurde.
Die Frau zeigte ihre Liebe auf eine Art und Weise, die von manchen fast als anrüchig angesehen wurde. Manche Menschen spekulieren auch heute noch über ihr Motiv.
Doch ihr war es augenscheinlich egal, was andere über ihre Beziehung zu Jesus gedacht haben.
Wie sieht das bei uns heute aus?
Wie leicht wird man als „Fanatiker" angesehen, wenn man sagt: „Ich liebe Jesus! Die Beziehung zu ihm ist mir wichtiger als manch anderes".
David sagt in **Psalm 18** in den ersten Versen: *„Von Herzen lieb habe ich dich, HERR, meine Stärke!",* und er hat das in seinem Leben auch immer wieder gezeigt.
„Gott lieben" ist zwar eine Herzenseinstellung, aber ich glaube, diese Einstellung muss in unserem Leben auch sichtbar werden.

Zum Nachdenken oder auch nicht:
Manchmal kostet es Mut, sein Umfeld von dieser Liebe zu Gott wissen zu lassen. Seien wir mutig!

32. Gott spricht manchmal laut, oft aber auch leise

4.Mose 9 Verse 17 und 18
Immer, wenn die Wolke sich vom Zelt erhob, brachen die Israeliten auf. Und dort, wo die Wolke sich niederließ, lagerten sie.
Nach dem Befehl Jahwes brachen die Israeliten auf und nach seinem Befehl schlugen sie ihr Lager auf. Sie blieben immer so lange, wie die Wolke auf dem Zelt ruhte.
NeÜ-bibel.heute

Das „Zelt" war der Ort, in dem Gott zu finden war. Die Zeichen für Seine Gegenwart waren die Wolke bei Tag und der Feuerschein bei Nacht.
Wenn die Wolke sich erhob, war das das Signal für das Volk Israel, weiterzuziehen. Klar und einfach wie es scheint.
Sie machten das, was Gott Mose gesagt hatte. Sie lagerten auf den Befehl Gottes. Ebenso zogen sie weiter auf den Befehl Gottes. Manchmal war die „Bleibezeit" sehr kurz und sie mussten schon nach einem Tag wieder aufbrechen. Manch einer hat vielleicht gestöhnt und gesagt: „Nicht schon wieder."
Doch die Anweisung war klar unmissverständlich.
Wünschen wir uns manchmal nicht auch eine „unmissverständliche" Weisung von Gott? Er soll uns klar sagen wo es lang geht. Ich jedenfalls wünsche mir das manchmal.
Wie erleben wir Seine Weisung heute? Gott spricht eher selten zu uns in solch einer klaren Art. Es ist oft die "kleine – leise" Stimme seines Heiligen Geistes, der in uns wohnt. Manchmal scheint das, was uns diese kleine-

leise Stimme sagt eher unbedeutend, wie zum Beispiel: „Schreib ihr oder ihm eine Karte, eine Mail, ruf dort wieder einmal an, oder auch, bete für diesen Menschen!"
Weil diese Stimme so leise ist überhören wir sie leicht. Doch wenn wir lernen darauf zu hören, können wir erleben, wie wichtig es war diese Mail zu schreiben, diesen Telefonanruf zu machen oder für jemanden zu beten.
Gott ist heute für uns erreichbar.
Der Vorhang im Tempel ist zerrissen.
Wir dürfen direkt zu Ihm kommen, doch darf Er auch zu uns kommen?

Zum Nachdenken oder auch nicht:
Gibt es eine Sache, an die Dich Gott schon mehrfach erinnert hat? Vielleicht wäre jetzt ein guter Zeitpunkt sie in Angriff zu nehmen.

33. Furcht oder Ehrfurcht, das ist hier die Frage

Sprüche 1 Vers 7:
„Die Furcht des Herrn ist der Anfang der Erkenntnis. Weisheit und Zucht verachten nur die Narren."
Elberfelder Übersetzung

„Alle Erkenntnis beginnt damit, dass man Ehrfurcht vor dem Herrn hat. Nur ein Dummkopf lehnt Lebensweisheit und Selbstbeherrschung ab."
Hoffnung für Alle

Dieser Begriff „die Furcht des HERRN" hat mich vor vielen Jahren einmal sehr beschäftigt. Auch heute, wenn ich diesen Begriff in der Bibel lese, bringt er mich wieder zum Nachdenken.
Müssen wir vor Gott Angst haben? Ist es das, was uns hier vermittelt werden soll?
Die ganze Bibel ist doch voll von der Liebe, die Gott zu uns Menschen hat.
Welchen Platz hat dann „Furcht" in der Beziehung zu Gott?
Kann es sein, dass „Furcht vor Gott" nicht gleichbedeutend mit „Angst vor Gott" ist?
Die Furcht, die hier gemeint ist, hat mit dem Wesen Gottes zu tun, **wer** Er ist und **wie** Er ist. Sie hat etwas mit der Größe Gottes zu tun, mit Seiner Allmacht, Seiner Allwissenheit und damit, dass wir Ihn und Sein Handeln nicht immer verstehen können, weil Er eben Gott ist.
Diese Furcht bringt uns zum Staunen. Sie bringt uns dazu, Gott zu ehren, womit wir bei dem Begriff Ehr – furcht sind.

Ich glaube nicht, dass es darum geht Angst vor Gott zu haben, denn in Jesus hat Er für uns alles gegeben.
Ich glaube, es geht darum Ihn als den zu sehen, der Er ist. Ein Gott, der alle Macht hat und der diese Macht eingesetzt hat uns zu retten. Der immer wieder seine Macht einsetzt, um uns in unserem täglichen Leben zu helfen.
Das bringt mich immer wieder zum Staunen und zum Danken und lässt mich ehr-fürchtig auf Ihn schauen.

Zum Nachdenken oder auch nicht:
Wie ist Deine Beziehung zu Gott geprägt? Furcht wie Angst, oder Furcht wie Ehr – furcht, die Dich zum Staunen bringt?

34. Sie und wir

Psalm 20 Verse 8+9
„Sie mögen auf ihr Kriegsgerät und ihre Rosse vertrauen; wir aber werden stark durch den Namen des HERRN, unseres Gottes.
Sie stürzen und fallen; wir aber stehen und halten uns aufrecht."
Bruns Übersetzung

„Manche verlassen sich auf Streitwagen, andere auf Schlachtrosse. Wir aber bekennen uns unerschrocken zum Namen des HERRN, unseres Gottes!
Da stürzen sie schon und fallen hin. Wir aber stehen zusammen und halten stand."
Basisbibel

Dieses „Sie" und „Wir" hatte David schon in seiner Jugend erlebt, als er bereit war im Namen des Gottes Israels gegen einen Riesen zu kämpfen.
Er hatte damals Gott vertraut und tat es immer und immer wieder.
Das bedeutet nicht, dass er keine Fehler begangen hätte und nicht gestrauchelt wäre. Wenn wir sein Leben betrachten, so hat er ziemlich alles durchgemacht, was ein Mensch damals durchmachen konnte. Doch über allem stand sein Vertrauen zu Gott. Wir lesen auch immer wieder in den Psalmen von diesem „Sie" und „Wir".
Ich weiß nicht, worauf Menschen so um Dich herum vertrauen.
Gute Versicherungen, absolute Absicherung fürs Alter, ihr Vermögen, ihre eigenen Fähigkeiten oder eventuell andere Menschen, die alles regeln sollen.

Vieles davon mag sinnvoll sein. Trotzdem können all die Dinge, mit denen wir versuchen uns abzusichern, uns nicht vor allem bewahren.

David hat seine Stärke „durch den Namen seines Gottes" gefunden. Gott hat ihm die Kraft gegeben durch schwierige Situationen hindurchzugehen.

Auch uns bewahrt Gott nicht immer vor schwierigen Situationen, aber Er kann Dich und mich stark machen durch diesen Tag, diese Woche, diesen Monat dieses Jahr zu gehen.

Meine Stärke reicht oft nicht aus, doch bei Gott ist mehr „Stärke" als Du und ich je aufbrauchen können.

Zum Nachdenken oder auch nicht:
Auf wessen Stärke vertraust Du heute?
Deine und meine Stärke sind begrenzt, Gottes Stärke ist unbegrenzt.

35. Licht und Heil in dunkler Zeit

Psalm 27 Vers 1
Ein Lied Davids.
„Der HERR ist mein Licht und mein Heil, wen sollte ich noch fürchten? Der HERR ist meines Lebens Schutz, vor wem sollte ich noch Angst haben?"

Johannes 8 Vers 12
Weiter sagte Jesus zu ihnen: "Ich bin das Licht der Welt (des Kosmos). Wer mir nachfolgt, wird nicht mehr im Dunkeln tappen, sondern wird das Licht des Lebens haben."
Bibelstellen nach der Bruns Übersetzung

Wir kennen diese Verse. Vermutlich haben wir sie schon oft gelesen. Es sind Verse, die gerade in der Weihnachtszeit gerne benutzt werden.
David spricht davon, dass der Herr sein Licht und sein Heil ist. Und Jesus sagt eigentlich genau dasselbe nur in der Ich-Form.
Er sagt: „Ich bin das Licht der Welt."

Oft heißt es: „Geld regiert die Welt". Ich neige dazu zu sagen: „Angst regiert die Welt", denn Angst ist ein beherrschender Faktor im Leben von vielen. Sie kann sehr verschiedene Formen haben und sehr verschieden aussehen.
Und immer wenn wir „im Dunkeln tappen", egal, ob im wörtlichen oder übertragenen Sinne, kann uns die Angst überwältigen.
Doch wenn es hell ist, wenn ich Licht in meinem Leben habe, kann ich viel besser mit vielem umgehen. Wir müssen eben nicht „im Dunkeln tappen", sondern haben

in Christus das Licht, das Leben schenkt. Dieses Licht dürfen wir weitergeben in einer manchmal sehr dunklen Welt, so dass weder Angst noch Dunkelheit unser Leben regieren muss.

Und wenn wir ab und zu das Gefühl haben, dass Angst und Dunkelheit uns umgeben, lasst uns auf Jesus sehen, den Anfänger und Vollender unseres Glaubens.

Manchmal muss man „einfach" die Blickrichtung ändern.

Zum Nachdenken oder auch nicht:
Worauf richtest Du Deinen Blick in dieser Zeit?

36. Kinder des Lichts

Epheser 5 Verse 8 + 9
„Einst wart ihr allerdings auch Finsternis; jetzt aber seid ihr Licht in dem Herrn.
Darum lebt auch wie die Kinder des Lichts! Die Frucht, die das Licht in uns hervorbringt, besteht in lauter Güte, Gerechtigkeit und Wahrheit."
Bruns Übersetzung

„Früher gehörtet ihr zwar zur Finsternis, aber jetzt gehört ihr durch den Herrn zum Licht. Lebt nun auch als Menschen des Lichts!
Ein solches Leben bringt als Frucht jede Art von Güte, Gerechtigkeit und Wahrheit hervor."
NeÜ-bibel.heute

Wenn ein Neues Jahr beginnt und die Tage wieder länger werden, wird es damit auch heller. Ich weiß nicht, wie es Dir mit Licht und Dunkelheit geht. Jeden Tag unseres Lebens sind wir mit Licht und Dunkel konfrontiert. Manchmal ist die Zeit der Dunkelheit länger, manchmal die Zeit des Lichts.
Obwohl ich mich schon vor vielen Jahren für den Weg mit Christus entschieden habe, gibt es immer wieder Zeiten in meinem Leben, in denen ich den Eindruck habe im Dunkeln zu tappen und den Weg nicht zu kennen.
Paulus spricht in diesen beiden Versen von Licht und Dunkelheit (Finsternis), aber er spricht einmal von der Vergangenheit und einmal von der Gegenwart.
Er zeigt auf, was die Epheser einmal waren, und wie sie jetzt leben sollen.

Er fordert sie auf, als Kinder des Lichts zu leben und erklärt ihnen, dass ein solches Leben eine besondere Art der Frucht hervorbringt.

So wie er die Epheser aufgefordert hat, denke ich, gilt diese Aufforderung auch uns heute noch. Wir können uns entscheiden, wie wir leben wollen.

Interessant ist, dass Paulus hier nicht davon spricht, was wir als Kinder des Lichts tun sollen. Die Entscheidung für Christus, der unser Licht ist, bringt automatisch Frucht hervor.

Diese Frucht besteht aus Eigenschaften, die in unserer heutigen Zeit nicht mehr anerkannt sind und manchmal auch als Schwäche ausgelegt werden.

- **Güte**
- **Gerechtigkeit**
- **Wahrheit**

Güte, die aus der Liebe Gottes zu uns gespeist wird.

Gerechtigkeit, die wir nicht durch unsere Kraft, sondern durch die Gnade Gottes erlangen.

Wahrheit, die wir in Christus als Person finden können.

Ich glaube, Gott will, dass unser Leben Frucht bringt und nicht, dass wir ständig am „Tun" sind.

Zum Nachdenken oder auch nicht:
Was bedeutet Güte, Gerechtigkeit und Wahrheit für Dich ganz persönlich?

37. Verwechslungsgefahr oder was hat Bestand?

Sprüche 12 Vers 19
Bruns Übersetzung
„Das Wort der Wahrheit bringt ewige Frucht, das der Lüge hat nur für den Augenblick Erfolg."

Schlachter Übersetzung
„Wahrhaftige Lippen bestehen ewiglich, die Lügenzunge nur einen Augenblick."

Mit der Wahrheit wird es in unserer heutigen Zeit oft nicht mehr so genau genommen, egal ob in Politik, im Arbeitsleben oder auch im persönlichen Leben von Menschen. Man spricht von „Not-Lügen" oder manchmal von „barmherzigen Lügen". Vor allem, wenn man denkt, die Wahrheit könnte jemanden verletzten oder die Wahrheit könnte Probleme schaffen.
Hier werden mehrere Begriffe einander gegenüber gestellt:
„Wahrheit" und „Lüge"
„Ewigkeit" und „für den Augenblick"
„Frucht" und „Erfolg"
Lüge kann den erwünschten „Erfolg" bringen. Wir können damit manchmal etwas erreichen, was wir mit der Wahrheit nicht gekonnt hätten, aber… es gibt eine Einschränkung. Der Erfolg ist für den Augenblick, also nur für eine kurze Zeit vorhanden.
Die Wahrheit hingegen bringt nicht unbedingt schnellen „Erfolg" oder das erwünschte Ergebnis. Sie bringt etwas, das nicht immer gleich sichtbar ist, dafür aber von Dauer.

Manchmal kostet es Mut, die Wahrheit zu sagen, ehrlich zu sein.
Manchmal bringt man sich oder auch andere damit in Verlegenheit.
Die Wahrheit wird nicht immer gerne gehört.
Doch die Frage ist nicht: Sollen wir die Wahrheit sagen oder lügen, sondern, wie gehen wir in guter Weise mit der Wahrheit um? Es lässt sich nicht immer verhindern andere mit der Wahrheit zu verletzen, doch wenn Wahrheit und Liebe zusammen kommen, hat das oft eine reinigende und heilende Wirkung.
Jesus sagt in **_Johannes 14 Vers 6: „Ich bin der Weg, die Wahrheit und das Leben,…"_**. Wenn wir uns auf Ihn, der die Wahrheit in Person ist, einlassen, wird Er uns auch immer wieder den Weg zeigen für unser Leben.

Zum Nachdenken oder auch nicht:
Erfolg kann kommen und gehen, Frucht bleibt.

38. Treue, ein unterschätzter Wert

Lukas 16:10
Wer im Kleinsten treu ist, der ist auch im Großen treu; und wer im Kleinsten ungerecht ist, der ist auch im Großen ungerecht.

Lukas 19:17
Und er sprach zu ihm: Recht so, du braver Knecht! Weil du im Geringsten treu gewesen bist, sollst du Macht haben über zehn Städte!

1.Korinther 1:9
Treu ist Gott, durch welchen ihr berufen seid zur Gemeinschaft seines Sohnes Jesus Christus unsres Herrn.

1.Korinther 4:2
Im Übrigen wird von Verwaltern nur verlangt, dass einer treu erfunden werde.
Bibelstellen nach der Schlachter Übersetzung

Wonach streben wir? Was ist uns wichtig in unserem Leben?
Oft wollen wir, gerade auch als Christen, immer alles richtig machen. Doch wenn wir unter dem ständigen Druck stehen immer das Richtige tun oder sagen zu müssen, kann das Leben ziemlich anstrengend werden. Wir werden nämlich nie an den Punkt kommen immer alles richtig zu machen.
Wir sind Menschen, die ein Leben lang Fehler begehen. Oft schätzen wir Situationen nicht richtig ein. Wir lassen uns von unseren Gefühlen beeinflussen. Manchmal ist unser Blick getrübt.

Doch wie sieht es mit dem „**treu sein**" aus? Treue scheint sehr wichtig in den Augen Jesu. Treue ist eine Eigenschaft Gottes, die auch für uns als Menschen sehr wichtig ist. Sie bedeutet, da ist jemand auf den Mann/Frau sich verlassen kann.
Treue ist, was in den Augen Gottes zählt.
Treue Menschen haben eine Beständigkeit und werden dafür manchmal belächelt. Oft werden sie übersehen, da es ja so selbstverständlich ist, dass sie da sind und ihre Aufgaben tun. Pioniere werden bewundert. Leute, die Neues schaffen, sind die Helden unserer Zeit (und die brauchen wir auch). Doch ohne die Treuen gäbe es keine Beständigkeit. Es sind die Treuen in unseren Gemeinden, am Arbeitsplatz oder auch in unserem Bekanntenkreis, die an anderen Menschen und auch an ihren Aufgaben „dran bleiben".
Ich glaube, Treue ist ein Eigenschaft, nach der wir uns, gerade in unserer so schnelllebigen Zeit, ausstrecken sollten. Denn ohne Treue haben wir lauter Anfänge und keine Abschlüsse.
Dabei bedeutet Treue nicht Unbeweglichkeit oder Starrheit. Ich glaube, Treue ist etwas sehr „Bewegendes" und „Vorwärts gehendes", etwas, wonach es sich zu streben lohnt!

Zum Nachdenken oder auch nicht:
Nicht treu sein um jeden Preis, aber treu sein, weil es sich lohnt an Menschen und auch an Aufgaben dran zu bleiben.

39. Gute Vorsätze oder echte Entscheidungen?

Johannes 7 Vers 17
„Wenn jemand entschlossen ist, dessen Willen (Gottes Willen) zu tun, der wird erkennen, ob diese Lehre aus Gott stammt, oder ob ich von mir selbst rede."
Bruns Übersetzung

Manchmal treffen wir Entscheidungen, die nicht mehr sind als die „berühmt – berüchtigten" guten Vorsätze am Silvesterabend. Wir nehmen uns vor eine schlechte Angewohnheit abzulegen oder eine bestimmte Sache zu beginnen, die wir bisher nicht getan haben.
Meistens verpuffen diese „guten" Vorsätze wie Rauch im Wind.
Was lässt einen Vorsatz zu mehr werden als nur ein „guter" Vorsatz?
Wie kommen wir vom Vorsatz oder Wunsch etwas zu tun, zum Handeln?
In dem obengenannten Vers habe ich ein Wort gefunden, das für mich eine Art Schlüssel geworden ist.
Jesus spricht hier von einem Menschen, der **entschlossen** ist Gottes Willen zu tun.
Entschlossen zum Handeln - **entschlossen** den Worten Taten folgen zu lassen.
Wenn wir den Text weiter lesen, entdecken wir, dass diese Entschlossenheit, den Willen Gottes zu tun, zur Erkenntnis führt.
Nicht die Erkenntnis führt zum Handeln, sondern die **Entschlossenheit** zu handeln, führt zur Erkenntnis.
Wenn ich entschlossen bin, habe ich eine Entscheidung getroffen und folge dieser Entscheidung.

Hans Bruns sagt in seinen Erklärungen zu diesem Text:
... *Jesus antwortet: Nicht vieles Wissen, sondern nur Gehorsam führt zur wirklichen "Gotteserkenntnis";* ...
Durch die Entschlossenheit Gottes Willen zu tun, wird die Bibel für uns zum lebendigen Wort.

Zum Nachdenken oder auch nicht:
Könntest Du Dich heute entschließen, nicht nur über Gottes Willen zu reden oder nach zu denken, sondern danach zu handeln?

40. Fürchte Dich nicht!
Gilt das auch mir?

Jeremia 1 Vers 8
„Fürchte dich nicht vor ihnen; denn ich bin mit dir, um dich zu erretten, spricht der HERR."
Schlachter Übersetzung

Hab keine Angst vor den Menschen, denn ich bin mit dir und beschütze dich, spricht Jahwe."
NeÜ-bibel.heute

„Fürchte Dich nicht!" Dieser Satz steht recht häufig im Alten Testament und auch einige Male im Neuen Testament.
Tatsache ist aber, wir alle fürchten uns manchmal, jeder von uns vermutlich vor etwas anderem. Einige Menschen fürchten sich vor ganz realen Dingen wie Spinnen oder Mäusen, andere vor bestimmten Situationen. Bei manchen sind es Vorstellungen, was alles passieren könnte, wie Krankheit oder Verlust eines geliebten Menschen. Wieder andere fürchten sich vor Umweltkatastrophen. Man kann sich vor Allem und Jedem fürchten.
Furcht ist Teil unseres Lebens. Sie kann aber auch eine Schutzfunktion für uns sein, die sich als sinnvoll erweist.
„Fürchte Dich nicht" ist oft leichter gesagt als getan.
Furcht hat dann keine Macht über uns, wenn wir uns sicher fühlen, wenn wir Vertrauen haben in uns selbst, in andere oder auch in Gott.
Wenn Kinder Angst haben laufen sie zu einer vertrauten Person (meistens Mama oder Papa) und verstecken sich hinter ihr. Von diesem sicheren Platz aus betrachten sie, was ihnen Angst gemacht hat.

Meist trauen sie sich dann langsam wieder hervor, im Vertrauen, dass diese vertraute Person bei ihnen ist und im Notfall eingreift.
Und wie oft sagt man zu Kindern: „Du brauchst keine Angst haben, ich bin doch da!"
Ist es nicht genau das, was uns Gott mit diesem „Fürchte Dich nicht!" immer und immer wieder vermitteln will.
„Du brauchst keine Angst haben, ich bin doch da!"
Gerade in den Psalmen wird uns immer wieder gesagt, dass Gott dieser sichere Ort ist, zu dem wir laufen können und bei dem wir uns (bei Bedarf) auch verstecken können.
Furcht gehört mit zu den normalsten Gefühlen, die wir als Menschen haben. Es kommt nur darauf an, was wir mit dieser Furcht machen und wohin wir damit gehen.
Wenn wir mit unserer Furcht zu Gott gehen, können wir darauf vertrauen, dass Er hinter uns steht und bei uns ist. Mit dieser Sicherheit können wir das, was uns Angst macht, in Angriff nehmen.

Zum Nachdenken oder nicht:
Was macht Dir Angst? Zu Gott kannst Du mit Allem kommen. Manchmal hilft es auch mit einem anderen Menschen darüber zu sprechen.

41. Leichter gesagt als getan

Epheser 4 Vers 29
„Keine schlechte Rede gehe aus eurem Munde, sondern
was gut ist zur notwendigen Erbauung, dass es den Hörern wohltue."
Schlachter Übersetzung

„Lasst kein hässliches Wort über eure Lippen kommen, sondern habt da, wo es nötig ist, ein gutes Wort, das weiterhilft und allen wohl tut."
NeÜ-bibel.heute

Wenn man diesen Vers so liest, ist es vermutlich leicht der Aussage zuzustimmen.
Wollen wir nicht alle über das reden, was gut ist, was erbaut oder ermutigt und anderen weiterhilft?
Doch auch wenn das unser Bestreben ist, ist die Umsetzung in unserem Alltag nicht so einfach.
Wie schnell verletzen wir andere mit unsern Worten.
Wie schnell wird jemand durch das, was über ihn/sie gesagt wird, im wahrsten Sinne des Wortes abgestempelt, beurteilt, oder in eine Schublade gesteckt, aus der er/sie schwer wieder heraus kommt.
Worte können aber auch gut tun. Sie können uns innerlich aufbauen, ermutigen und Segen in unser Leben bringen.

Unsere Worte beginnen in unseren Gedanken. Wenn wir ständig negative Gedanken über uns oder andere haben, werden diese Gedanken irgendwann auch zu Worten, die wir weitergeben.

Paulus gibt dazu den Philippern einen guten Rat und sagt in *Philipper 4, 8:* *„Ansonsten denkt über das nach, meine Geschwister, was wahr, was anständig und gerecht ist! Richtet eure Gedanken auf das Reine, das Liebenswerte und Bewundernswürdige; auf alles, was Auszeichnung und Lob verdient!"* (Neue Evang. Übersetzung)
Manchmal ist es gut sich bewusst zu entscheiden, worüber man nachdenkt, denn das was wir denken, zeigt sich in unserem Reden.

Zum Nachdenken oder auch nicht:
Wie zeigt sich Dein Denken in Deinem Reden?

42. Jesus kennt seine „Pappenheimer"

Matthäus 26 Vers 35
"Nein!", erklärte Petrus. "Und wenn ich mit dir sterben müsste! Niemals werde ich dich verleugnen!" Das Gleiche beteuerten auch alle anderen.
NeÜ-bibel.heute

Petrus macht diese Aussage voller Überzeugung, er zweifelt nicht daran, dass er Jesus nicht verleugnen wird. Doch Jesus kennt Petrus genau. Er weiß wie Petrus und die anderen Jünger sich verhalten werden. Die Reaktionen der Jünger sind keine Überraschung für Ihn. Er kennt ihre Angst und auch wie sie damit umgehen. Er macht sich keine Illusionen.
Vielleicht kommt uns manchmal der Gedanke, wie konnte Petrus nur – oder wie konnten die anderen Jünger nur! Einfach abhauen, nachdem alle so eine große Klappe hatten, dass sie genau das nicht tun würden.
Worin besteht der Unterschied zwischen Petrus und Judas, schließlich haben beide versagt.
Es heißt oft, Petrus sei umgekehrt und hätte Buße getan, Judas nicht. So genau wird das in den Evangelien nicht beschrieben.
Was wir bei Petrus sehen können ist, dass er auf den Blick Jesu reagiert hat. Danach ist er hinausgegangen und hat bitterlich geweint. Er hat sich aber nicht abgekapselt, sondern war weiter mit den anderen Jüngern zusammen.
Als Jesus ihm wieder begegnete, war Petrus offen für diese Begegnung und hat sich von Jesus finden lassen.
Ich weiß nicht, wie ich mich verhalten hätte. Petrus hatte Angst und Angst kann ein sehr starker Beweggrund für

unser Handeln sein. Sie kann uns zu einem Verhalten verleiten, das wir nicht wollen.

Bei Judas war es nicht Angst, die ihn getrieben hat, sondern Habgier. Das Geld, das er für seinen Verrat bekam, hat ihm am Schluss nicht viel genutzt, da er mit seiner Schuld nicht umgehen konnte.

Auch wir versagen immer wieder, sei es aus Angst oder aus anderen Gründen. Die Frage ist: Ziehen wir uns dann zurück und beweinen unser Versagen oder erkennen wir, dass unser Verhalten nicht in Ordnung war? Kapseln wir uns ab oder gehen wir zurück in die Gemeinschaft mit anderen Christen? Oder was noch wichtiger ist: Lassen wir uns von Jesus finden und sind bereit Ihm wieder zu begegnen? Lassen wir es zu, dass Er uns den Weg neu zeigt? In **Sprüche 24 Vers 16 steht:** *„Denn siebenmal mag der Gerechte fallen, aber er steht doch wieder auf, der Gottlose dagegen versinkt im Unglück."* (Bruns Übersetzung)

Es geht nicht darum nie „zu fallen", es geht darum wieder aufzustehen!

Wenn uns das bewusst ist, hilft uns dieses Wissen auch mit den Schwächen und Fehlern anderer barmherziger umzugehen.

Zum Nachdenken oder auch nicht:
Wie barmherzig bist Du mit Dir … und mit anderen?

43. Das Kamel und seine Last

Sprüche 16/3:
„Befiehl dem HERRN dein Tun, dann werden deine Pläne gelingen."
Bruns Übersetzung

„Befiehl Jahwe deine Werke, und deine Gedanken werden zustande kommen."
Elberfelder Übersetzung

„Wälze dein Werk auf Jahwe, dann gelingen deine Pläne."
NeÜ-bibel.heute

Ein Vers, den viele von uns vielleicht schon einmal gelesen und sich dabei gefragt haben, ob es wirklich stimmt, dass unsere Pläne gelingen werden, wenn wir sie Gott anbefehlen.
Manche meiner Pläne sind nicht gelungen, obwohl ich, wie ich dachte, sie Gott anbefohlen hatte. Das führte zu großen Zweifeln.
Als ich das letzte Mal diesen Vers las, habe ich mich gefragt, was das Wort „anbefehlen" bedeutet. Ist es „anvertrauen" wie es z.B. in der Hoffnung für Alle steht? Das hebräische Wort kann man mit „hinwegrollen" übersetzen, wie man z.B. einen großen Stein von einer Brunnenöffnung wegrollt oder auch mit „herunter rollen", wenn man z.B. einem Kamel die Lasten abnehmen will. Das Kamel muss sich hinknien und etwas zur Seite neigen, dann kann die Last vom Kamel heruntergerollt werden.
Ein interessantes Bild.

Doch der zweite Teil des Verses ist es ja, der mich ins Fragen gebracht hat. Kann es sein, wenn ich mein Tun – meine Werke – auf Gott „wälze", mir dann alles gelingen wird?
Dieses Wort kommt recht häufig im Alten Testament vor und kann sehr viele verschiedene Bedeutungen haben, unter anderem „aufgebaut, bestätigt, geführt oder auch vorbereitet".
Und Pläne beginnen in unseren Gedanken.
All unser Tun fängt in unserem Kopf an. Wir bekommen eine Idee, denken darüber nach, versuchen die Idee in die Tat umzusetzen und erwarten ganz natürlich, dass Gott das, was wir uns da ausgedacht haben auch segnet.
Mir gefällt hier die „erklärende" Übersetzung aus der engl. Amplified Bible recht gut, da heißt es in etwa:
„Wälze deine Werke auf den Herrn, übergib und vertrau sie ihm völlig an; er wird bewirken, dass deine Gedanken mit seinen übereinstimmen, mit seinem Willen und so werden deine Pläne aufgebaut werden und Erfolg haben."

Vielleicht geht es nicht immer darum in einer verkrampften oder ängstlichen Art zu fragen: Ist das was ich mir überlegt habe oder was ich tun will Gottes Wille? Ich denke, wir dürfen lernen unsere Pläne Gott zu übergeben und darauf zu vertrauen, dass Er uns leiten und führen wird. Manchmal auch dadurch, dass sich die eine oder andere Tür schließt.

Zum Nachdenken oder auch nicht:
Gibt es etwas, was Du auf Gott „wälzen" möchtest?
Vertraust du ihm, dass Er Dir dann hilft, das zu tun, was für Dich gut ist?

44. Glaube ist nicht Wissen. Stimmt das?

Hebräer 11 Vers 1
„Es ist aber Glauben die Grundlage für das, was man hofft, und eine Bürgschaft für Dinge, die man nicht sieht."
Bruns Übersetzung

„Was ist denn der Glaube? Er ist ein Rechnen mit der Erfüllung dessen, worauf man hofft, ein Überzeugt sein von der Wirklichkeit unsichtbarer Dinge."
Neue Genfer Übersetzung

Vermutlich kennt Ihr diesen Satz: „Glaube ist nicht Wissen", und vielleicht wurde er auch schon einmal zu Euch gesagt.
Ich habe diesen Spruch schon oft in meinem Leben gehört. Manchmal gerade dann, wenn ich mit jemandem über meinen Glauben gesprochen habe.
Und ... in gewisser Weise stimmt dieser Spruch, wenn er sich auf reines Kopfwissen bezieht, oder darauf, dass wir nicht für alles, was wir glauben „Beweise" haben.
Und doch stimmt er auch wieder nicht – warum?
Bevor ich glauben kann, muss ich wissen woran oder an wen ich glaube. Dieses Wissen basiert auf Erfahrungen. Erfahrungen, die ich in meinem Leben gemacht habe oder auch Erfahrungen, die andere mit Gott gemacht haben.
Erfahrungen prägen unser Wissen und führen letztlich zum Glauben. Sie sind damit auch viel stärker in uns verwurzelt als reines Kopfwissen.
Glaube ist darum viel mehr als Wissen, denn Glaube basiert auf Vertrauen.

Dieses Vertrauen entsteht, wenn ich erlebt habe, dass Gott tatsächlich einer ist, der mich hält, der mir hilft, der mich führt.

Doch für diese Erfahrung muss ich manchmal auch Schritte ins Ungewisse tun. Das bedeutet Vorwärtsgehen im Vertrauen auf Gott, auch wenn kein „Beweis" vorliegt, dass der nächste Schritt klappen wird.

Es kostet immer wieder Mut. Mut mich auf Gott einzulassen, Mut seinem Wort zu vertrauen und Mut vorwärts zu gehen, gerade auch dann, wenn ich mir nicht ganz sicher bin.

Doch mit jedem Schritt, den ich im Vertrauen zu Gott gehe, nehmen meine „geistlichen" Muskeln zu. Wir machen Erfahrungen mit Gott, die letztlich zu Wissen werden und die uns helfen, immer wieder neu unseren Weg mit Gott zu wagen.

Zum Nachdenken oder nicht:
Ist Glaube also doch Wissen, das sich aus Vertrauen nährt?!?

45. Krippe, Kreuz und Auferstehung

Lukas 2 Vers 16
„Und sie kamen eilend und fanden Maria und Josef und das Kindlein in der Krippe."

Lukas 23 Vers 33
„Als man an den Ort kam, der Schädelstätte genannt wurde, kreuzigten sie ihn dort und die beiden Verbrecher neben ihm: den einen zur Rechten, den anderen zur Linken."

Lukas 24 Vers 6 + 7
„Er ist nicht hier, er ist auferstanden! Erinnert euch doch daran, was er euch gesagt hat, als er noch in Galiläa war:
Des Menschen Sohn muss in die Hände sündiger Menschen fallen und gekreuzigt werden, aber am dritten Tag wird er auferstehen."

Das Kind in der Krippe – der Mann am Kreuz – der auferstandene Herr.
Keine Auferstehung ohne das Kreuz, kein Kreuz ohne die Krippe.
Gott hat die Welt nicht mit einem Fingerschnippen gerettet, sondern hat aus Liebe zu uns Seinen einzigen Sohn in unsere Welt gegeben. Wir werden nie nachempfinden oder verstehen können, was das für Gott den Vater bedeutet hat. Und wir werden auch nie nachempfinden können, was es für Jesus bedeutet hat, Mensch zu sein und ans Kreuz zu gehen.
Doch gerade weil ich es nicht nachempfinden kann, erfüllt mich die Tatsache, dass Gott, der Schöpfer des Universums, bereit war dieses Opfer für mich zu bringen

und dass Jesus bereit war diesen Weg zu gehen, mit unendlicher Dankbarkeit und Freude.
Weihnachten, Karfreitag und Ostern gehören zusammen. Das eine geht nicht ohne das andere. Es sind Tage, an denen mir Gottes Liebe zu uns Menschen bewusst wird. Das ist ein Grund zu danken!

Zum Nachdenken oder auch nicht:
Jesus blieb nicht am Kreuz und blieb auch nicht im Grab. Er ist auferstanden und lebt in uns!

PS: ... und unser Auftrag ist es das, was wir erlebt haben, weiterzugeben.
Lukas 24 Verse 46 – 48:
„und sagte zu ihnen: "So steht es geschrieben, dass der Messias leiden müsste und am dritten Tag von den Toten auferstehen würde. Nun aber soll in seinem Namen allen Völkern verkündigt werden, dass sie sich bekehren und dadurch Vergebung der Sünden bekommen. Das soll in Jerusalem beginnen, und ihr sollt meine Zeugen sein."

Bibelstellen nach der Bruns Übersetzung

46. Weisheit, brauchen wir das heute noch?

Sprüche 2/6
„Denn der Herr gibt Weisheit. Aus seinem Mund kommen Erkenntnis und Verständnis."
Elberfelder Übersetzung

„Er allein gibt Weisheit, und nur von ihm kommen Wissen und Urteilskraft."
Hoffnung für Alle

Weisheit - ein Wort, das in unserem heutigen Sprachgebrauch nicht mehr oft vorkommt.
Weisheit - brauchen wir das in unserer heutigen Zeit noch? Wir wissen sehr viel, können sehr viel, erreichen Dinge, von denen man früher nur träumen konnte.
Weisheit ist nicht = Wissen, auch wenn wir das manchmal glauben.
In fast jedem Kapitel der Sprüche kommt dieses Wort vor, manchmal sogar mehrfach. Wenn ein Wort in der Bibel sehr oft vorkommt, ist es auch wichtig. Hier in diesem Vers geht es nicht um eine Definition des Wortes Weisheit, sondern es geht darum, woher sie kommt oder besser von wem.
Wir erreichen Weisheit nicht durch eine Anhäufung von Wissen, sondern über die Beziehung zu Gott. Er ist es, der uns damit ausrüsten will und kann.
Brauchst Du in Deinem Job oder bei dem, was Du tust Weisheit? Brauchst Du zuhause als Mutter oder Vater, als Schüler/in, als Auszubildende/r oder als Student/in Weisheit im Umgang mit anderen oder Weisheit für Dein Leben? Oder ist dieses Wort so altmodisch, dass es mit unserem heutigen Leben nichts mehr zu tun hat?

In **Jakobus 3/17** wird die göttliche Weisheit beschrieben. Sie wird lauter und rein genannt. Sie sucht den Frieden, ist freundlich, bereit nachzugeben. Sie lässt sich etwas sagen, sie hat Mitleid mit anderen, sie bewirkt immer und überall Gutes, sie ist unparteiisch, ohne Vorurteile und ohne alle Heuchelei. (nach Hoffnung für Alle)
Wenn ich das so lese, kann ich nur sagen, das brauche ich!

Zum Nachdenken oder auch nicht:
Was brauchst Du?
Wenn Du magst, kannst Du jetzt gleich Gott, um die Weisheit bitten, die Du für diesen heutigen Tag, für Deinen Job oder vielleicht für Entscheidungen brauchst, die Du treffen musst. Gott will und kann Dich damit ausrüsten!

47. Vorbilder — gibt es sie heute noch?

1. Timotheus 4 Vers 12
„Du bist noch jung, aber niemand soll dir deswegen die gebührende Achtung versagen. Sei umso mehr ein Vorbild ("Typus") für die Gläubigen, und zwar in Wort und Wandel, in der Liebe, im Glauben und in der Reinheit!"
Bruns Übersetzung

„Niemand soll dich wegen deiner Jugend gering schätzen.
Vielmehr sollst du ein Vorbild für die Glaubenden sein – im Umgang mit dem Wort und in deiner Lebensführung. Und genauso in der Liebe, im rechten Glauben und in der Rechtschaffenheit."
Basisbibel

Paulus spricht hier zu seinem „Glaubenskind" Timotheus.
Der ganze Brief an Timotheus ist sehr ermutigend gehalten. Man spürt, dass Paulus eine ganz besondere Beziehung zu Timotheus hatte.
Nun spricht er hier ein besonderes Problem des Timotheus an, seine Jugend. Anscheinend gab es Glaubensgeschwister, die ihm wegen seiner Jugend nicht die „gebührende Achtung" entgegen brachten.
In anderen Übersetzungen steht hier sogar das Wort „verachten" oder in der „Hoffnung für Alle" das Wort „herabsetzen".
Den Rat, den Paulus nun dem Timotheus gibt, wie er sich verhalten soll, finde ich sehr interessant. Er sagt ihm nicht, er solle sich verteidigen oder dagegen angehen, sondern ermutigt ihn ein Vorbild zu sein.

Worin? – **Im Wort, im Wandel, in der Liebe, im Glauben** und **in der Reinheit.**

Vorbilder – etwas, was wir alle brauchen und auch alle sein können.
Egal ob wir zu „den Jungen" oder „den Älteren" gehören, ich finde, es ist eine Aufforderung, die uns alle angeht.
Denn, ob wir es „wollen" oder nicht, wir sind immer ein „Vorbild" für andere. Wir können viel reden, aber an unserem Leben und Sein werden sich andere ein größeres Beispiel nehmen als an unseren Worten.
Welche Art Vorbild wollen wir sein?

Zum Nachdenken oder auch nicht:
Wer sind Deine „Vorbilder"? Für wen bist Du „Vorbild", vielleicht ohne dass Du Dir dessen bewusst bist?

48. Schwach sein erlaubt!

2.Korinther 12 Vers 9
„Und er hat zu mir gesagt: Lass dir an meiner Gnade genügen, denn meine Kraft wird in der Schwachheit vollkommen! Darum will ich mich am liebsten vielmehr meiner Schwachheiten rühmen, damit die Kraft Christi bei mir wohne."
Übersetzung nach Schlachter

Doch er sagte zu mir: "Meine Gnade muss dir genügen, denn meine Kraft ist in den Schwachen mächtig." Jetzt bin ich sogar stolz auf meine Schwachheit, weil so die Kraft von Christus in mir wirkt.
NeÜ-bibel.heute

Wären wir nicht alle gerne immer stark? Superhelden haben Hochkonjunktur. Wie gerne wären wir manchmal so ein Superheld oder eine Superheldin, der/ die alles hinbekommt und alles kann. An starken Menschen kann man hochschauen und sich festhalten. In allen Lebensbereichen wie z.B. in der Familie, in der Schule, im Beruf und auch im Freundeskreis wird Stärke von uns erwartet.
Nicht nur der Körper muss fit und stark sein, es geht auch um „mentale Stärke". Sogar unsere Psyche soll alles, womit wir im Laufe eines Tages, einer Woche, eines Monats oder unseres Lebens konfrontiert werden, verarbeiten. Auch sie soll stark sein.
Schwäche wird oft als der ultimative Super Gau angesehen.
Auch Paulus wollte stark sein, stark um das Evangelium weiter zu verkünden, zu lehren und andere Christen zu stärken.

Doch in seinem Leben gab es einen Bereich, in dem er nicht stark war, der ihn in seinem Dienst behindert hat. Einmal beschreibt er es sehr bildlich als „Stachel in seinem Fleisch" oder auch als „Schläge eines Engels des Satans". In dieser Sache hat er GOTT nicht nur gebeten, sondern IHN angefleht, es von ihm zu nehmen.
Doch die Antwort GOTTES war nicht das, was Paulus erhofft hatte. Es dauerte ein Weilchen bis Paulus Gottes Antwort akzeptieren konnte, sonst hätte er nicht 3x in dieser Sache gebetet.
Paulus durfte erkennen, dass durch seine Schwäche die Tür für die Stärke Gottes geöffnet wurde. Er hat gelernt sich nicht auf sich, sondern auf CHRISTUS zu verlassen.
Schwäche als Schlüssel zur Stärke.
Manchmal „müssen" wir erst „schwach" werden, um uns in einer neuen Weise auf JESUS einzulassen.
Manchmal kann „unsere" Stärke uns im Weg stehen.
Manchmal kann Schwachheit der Schlüssel zur Stärke sein, einer Stärke, die nicht aus uns kommt, sondern in uns hinein fließt.

Zum Nachdenken oder auch nicht:
Wo darfst Du schwach sein, im Vertrauen auf GOTTES Stärke?

49. Gottes Methode gegen die Furcht

2. Timotheus 1 Vers 7
"Denn Gott hat uns nicht einen Geist der Furchtsamkeit gegeben, sondern der Kraft und der Liebe und der Besonnenheit."
Elberfelder Übersetzung

"Denn Gott hat uns nicht einen Geist der Zaghaftigkeit gegeben, sondern den Geist der Kraft, der Liebe und der Selbstbeherrschung."
NeÜ-bibel.heute

Die meisten werden diesen Vers kennen, denn er wird oft und gerne zitiert.
Hier wird die Furcht oder Zaghaftigkeit der Kraft, der Liebe und der Selbstbeherrschung gegenübergestellt.
Wir würden der Furcht vielleicht eher Angstfreiheit oder Mut entgegensetzen. Doch Paulus spricht von Kraft – Liebe – Selbstbeherrschung.
Das ist es, was Gott in uns durch den Heiligen Geist hervorbringen will.
Gott ist kein Gott, der uns irgendetwas überstülpt, selbst nicht die „guten" Dinge in unserem Leben. Gott zwingt niemanden Seine Gnade anzunehmen. Er bietet sie an, Er gibt sie uns in Seinem Sohn, doch das „nehmen" ist unsere Entscheidung.
So hat Er uns durch Seinen Geist drei „Dinge" gegeben, die uns in unserem Leben sehr viel helfen können.
Kraft – Liebe – Selbstbeherrschung

Alle drei Übersetzungen sprechen hier in der Vergangenheit. Diese Dinge sind bereits da, weil Gott uns Seinen Geist „gegeben hat", nicht erst geben wird.

Manchmal scheinen Furcht oder Zaghaftigkeit die stärkeren Kräfte in uns zu sein, zumindest geht mir das immer wieder so.

Paulus spricht diesen Satz zu Timotheus und ermutigt ihn in einer ganz bestimmten Situation, in der sich Timotheus befand.

Auch ich möchte Euch mit diesen Worten ermutigen (und mich selbst auch), Euch immer wieder bewusst zu machen, was Gott in Euch hineingelegt hat:

Kraft + Liebe + Selbstbeherrschung!

Wenn die Furcht vor Situationen, vor Entscheidungen und auch vor dem, was alles noch kommen kann, Euch überwältigt, dann erinnert Euch an das, was Gott durch Seinen Geist in Euch hineingelegt hat: Lest es, schreibt es auf eine Karte und klebt es Euch an den Spiegel oder den Computerbildschirm. Macht ein Lied daraus und singt es. (Muss ja keiner hören!?!)

Sprecht es immer wieder laut aus, damit nicht nur Eure Augen es sehen und Euer Verstand es aufnimmt, sondern Euer Mund es bekennt und Eure Ohren es hören. So kann es tief in Euer Herz eindringen.

Zum Nachdenken oder auch nicht:
Gott stellt nicht den Mut der Angst entgegen, sondern Kraft, Liebe und Selbstbeherrschung.

50. Liebe, die…

Philipper 1 Vers 9:

„Darum bete ich auch, dass eure Liebe immer reifer werde und überfließe durch klare Erkenntnis der Zusammenhänge und echtes Feingefühl."
Bruns Übersetzung

„Und um dieses bete ich, dass eure Liebe noch mehr und mehr überströme in Erkenntnis und aller Einsicht",
Elberfelder Übersetzung

„Und das ist es, worum ich bete: Eure Liebe soll weiterwachsen und zunehmend geprägt sein von Erkenntnis und umfassendem Verständnis."
Basisbibel

Liebe, die reifer wird.
Liebe, die überströmt.
Liebe, die weiterwachsen soll.

Alles Worte, die die verschiedenen Übersetzer benutzen, um auszudrücken, wofür Paulus für die Philipper betet.
Liebe also mehr als ein Wort, mehr als eine statische Sache – man liebt oder man liebt nicht -, sondern lebendig, in Bewegung, im Wachstum.
Wenn man die Verse weiter liest, dann sieht man, dass diese Liebe uns auch befähigen kann zu unterscheiden, was richtig ist und was nicht.
Sie wird Früchte der Gerechtigkeit hervorbringen.

Ist es zu gewagt, wenn ich sage: Nur Liebe, die „Frucht" bringt, ist echte Liebe?
Wir können einem Menschen 1000x sagen: „Ich liebe Dich!" Doch wenn dieser Mensch es nicht an unserem Tun merkt, sind alle Worte nur Schall und Rauch. Sie haben keine Bedeutung für die betreffende Person.
Echte Liebe braucht Zeit zum Wachsen und Reifen.
Wachstum kann man nicht „machen". Es geschieht, wenn die Bedingungen gut sind.
Auch Reifen kann man nicht „machen". Es braucht seine Zeit.
Wenn etwas überströmen soll, muss es erst gefüllt werden. Nur wenn ein Gefäß randvoll ist, kann es überströmen.
All diese Worte, die in den verschiedenen Übersetzungen gebraucht werden, drücken für mich unterschiedliche Aspekte der Liebe aus.
Paulus betet um diese Art der Liebe für die Philipper. Er sagt nicht zu ihnen: „Nun macht mal."
Paulus vertraut darauf, dass Gott dieses Reifen, Wachsen, ja dieses Überströmen der Liebe im Leben der Philipper wirkt. Ein Leben, das Frucht bringt. Was Gott im Leben der Philipper tun kann, kann Er auch in unserem Leben tun!
Ich wünsche mir für mich, dass ich immer wieder neu die Liebe, die Gott für mich hat, an- und aufnehmen kann, so dass sie überströmt.
Wie Paulus um diese Liebe für die Philipper gebetet hat, dürfen wir auch für andere und uns selbst beten.

Zum Nachdenken oder auch nicht:
Bitte Gott einfach genau jetzt um diese Liebe, die wächst, reifer wird und dann überströmt ins Leben von anderen.

51. Wir sind anders — oder nicht?

2.Korinther 6 Vers 16
Und wie verträgt sich der Tempel Gottes mit Götzen? Wir sind doch der Tempel des lebendigen Gottes, wie Gott gesagt hat: "Ich will unter ihnen wohnen und leben. Ich werde ihr Gott und sie werden mein Volk sein."
NeÜ-bibel.heute

Was haben die Götzenbilder mit dem Tempel Gottes zu tun?
Vergesst nicht: Wir selbst sind Gottes lebendiger Tempel. so hat Gott gesagt: „Ich will mitten unter ihnen leben. Ich will ihr Gott sein und sie sollen mein Volk sein."
Hoffnung für Alle

Paulus zeigt in den Versen vorher auf, was alles nicht zusammenpasst.
Gerechtigkeit verträgt sich nicht mit Ungerechtigkeit, Licht nicht mit Finsternis und natürlich auch Christus nicht mit Satan. Man kann eben nicht gleichzeitig gerecht und ungerecht sein. (– oder doch?) Es gipfelt in der Frage, die wir oben lesen.

Normalerweise war mit dem Begriff „Tempel" der Tempel in Jerusalem gemeint. Die Juden bemühten sich einmal im Jahr zu diesem Tempel zu kommen, um dort eine Gottesbegegnung zu haben. Doch hier meint Paulus nicht den Tempel im weit entfernten Jerusalem, sondern dass „wir" dieser Tempel sind, in dem Gott wohnt.

Wie bewusst ist uns, dass Gott nicht in irgendwelchen Kirchen oder Gebäuden wohnt, so schön sie sein mögen, sondern in uns?
Er will in uns und durch uns leben. Das ist der Grund, weshalb manches nicht mehr in unser Leben hineinpasst. Es geht nicht um, „Du darfst nicht….", sondern, es passt nicht mehr zusammen.

Zum Nachdenken oder auch nicht:
Gibt es Dinge in Deinem Leben, die nicht mehr „passen"? Dann habe den Mut sie zu ändern. Wenn Du Hilfe dazu brauchst, hole sie Dir.

52. "Dank statt Geschwätz"

Epheser 5 Vers 4
Auch Unanständigkeit, dummes Geschwätz und derbe Späße passen nicht zu euch. Benutzt eure Zunge lieber zum Danken!
NeÜ-bibel.heute

Am Ende eines Jahres gibt es oft viele Feiern und Feste, auf denen häufig „derbe" Späße gemacht werden. „Nicht so schlimm, war ja nur ein Witz."
Vor einiger Zeit bin ich nun über diesen Vers „gestolpert".
Paulus spricht in einer sehr unverblümten Weise über das Verhalten der Epheser. Er fordert sie auf „ihre Zunge", d.h. das Organ ohne das wir nicht sprechen können, in einer guten Weise zu benutzen.
Wir sollen mit unserer Zunge danken.
Es ist so leicht negativ über Menschen oder Dinge zu sprechen, oder über all das zu schimpfen, was schief gelaufen ist im vergangenen Jahr.
Wenn ich „Danke" sage, habe ich mich über etwas oder jemanden gefreut und zeige es auch.
Danken schenkt Freude, mir selbst, und auch dem, dem ich „Danke" sage. Diese Freude tut mir und dem anderen gut.
Danken statt nörgeln könnte ein neuer Slogan sein, unsere Welt ein bisschen freundlicher zu machen und das kommende Jahr mit Freude zu beginnen.

Zum Nachdenken oder auch nicht:
Wem könntest Du dieses Jahr noch ein ehrlich gemeintes „Danke" sagen?

Liste der Bibelstellen:

Altes Testament

4.Mose 9, 17+18	70
1. Chronik 29,17a	44
Psalm 4, 2	30
Psalm 20, 8+9	72
Psalm 27, 1	76
Psalm 37, 1b+7b+8	32
Psalm 84, 5-7	50
Psalm 84, 6+13	40
Psalm 119, 162	26
Psalm 144, 1+2	62
Sprüche 1, 7	72
Sprüche 2, 6	98
Sprüche 9, 4+5	28
Sprüche 12, 19	80
Sprüche 15,4	64
Sprüche 16,	92
Sprüche 20, 12	9
Jesaja 30, 15	54
Jeremia 1, 8	86
Daniel 6, 24	18
Daniel 10, 11a+19a	24

Neues Testament

Matthäus 5, 3-5	56
Matthäus 17, 5	48
Matthäus 17, 20	22
Matthäus 26, 13	68
Matthäus 26,35	90
Matthäus 28, 20b	34
Markus 9, 7	48
Lukas 1, 13	42
Lukas 2, 16	96
Lukas 9, 35	48
Lukas 12, 20	16
Lukas 15, 17	38
Lukas 16, 10	82
Lukas 17, 20+21	12
Lukas 19, 17	82
Lukas 20, 38	60
Lukas 23, 33	96
Lukas 24, 6+7	96
Johannes 3, 17	58
Johannes 7, 17	84
Johannes 8, 12	76
Johannes 14, 34	52
Johannes 15, 16	46
1.Korinther 1,9	82
1.Korinther 4, 2	82
2.Korinther 6,16	11
2.Korinther 12, 9	102
Epheser 4, 29	88
Epheser 5, 4	111
Epheser 5, 8+9	78

Kolosser 3, 12	66
Philipper 1, 9	106
1. Timotheus 4, 12	100
2. Timotheus 1, 7	104
Hebräer 3, 7+8	20
Hebräer 11, 1	10, 94
1. Petrus 3, 18a	36
2. Petrus 1, 1	14
2. Petrus 3, 10	16

Ein Wort zum Schluss

Mein Dank gilt all denen, die meine Andachten gelesen und mich ermutigt haben weiter zu schreiben. Ganz besonders danke ich meinem Mann, der immer wieder bereit war, mich zu unterstützen, in dem was ich tue.
Doch der allergrößte Dank gilt Gott, meinem Herrn, der mich seit über 40 Jahren führt und leitet und mir den Weg zum Leben geöffnet hat.

Diese Andachten sind über einen Zeitraum von mehreren Jahren entstanden, es begann mit der Webseite unseres christlichen Buchladens und daraus wurde dann eine Wochenandacht per Mail, für diejenigen, die Interesse daran hatten.
Sie sind aus meiner persönlichen Zeit mit Gott entstanden und sie erheben keinen Anspruch auf Vollständigkeit oder Fehlerlosigkeit.
Sie sind ein Ausdruck dessen, wie ich Gott verstehe und höre und sie spiegeln ein Stück weit mein Leben und meine Beziehung zu Gott wieder.
Meine Gedanken und mein Verständnis vom Wort Gottes auf diese Weise weiter geben zu dürfen, empfinde ich als Privileg und ich freue mich, wenn ich Menschen dabei ermutigen und unterstützen darf in ihrer Beziehung zu Gott zu wachsen oder überhaupt Gott als einen persönlichen Gott kennenzulernen und Ihm zu begegnen.

Cornelia Spagl